MEDICINA CINESE E LE SUE RICETTE

Sommario

MEDICINA CINESE 5
CAPITOLO I 6
   INTRODUZIONE 6
CAPITOLO II 21
   INTRODUZIONE ALLA DIETETICA NELLA MEDICINA TRADIZIONALE CINESE 21
CAPITOLO III 37
   LE BASI DELLA MEDICINA TRADIZIONALE CINESE 37
CAPITOLO IV 46
   I CINQUE MOVIMENTI 46
CAPITOLO V 51
   LA RELAZIONE DEI 51
   CINQUE MOVIMENTI 51
CAPITOLO VI 54
   XUE, JINYE E JING 54
CAPITOLO VII 60
   LA MALATTIA 60
CAPITOLO VIII 70
   OSSERVARE ED OSSERVARSI 70

La pelle:	73
I liquidi:	76
La digestione:	78
La qualità del sonno:	83
CAPITOLO IX	85
L'APPARATO DIGERENTE	85
CAPITOLO X	92
COME ALIMENTARSI SECONDO LA MEDICINA TRADIZIONALE CINESE	92
RICETTE NELLA MEDICINA CINESE	103
INTRODUZIONE ALLA CUCINA CINESE	104
UTENSILI IN CUCINA	110
RAVIOLI CINESI	119
O DUMPLING	119
BAOZI	129
ZUPPA BIANCA DI CEREALI	134
WONTON ZUPPA	136
ZUPPA BIANCA DI RISO CON VERDURA	141
BRODO CON LITCHI	143
SPAGHETTI DI RISO CON CARNE E VERDURE	146
ZUPPA DI LAMIAN CON BOK CHOY	150

UDON CON VERDURE 152

POLLO KUNG PAO 154

MANZO CINESE IN ZUPPA E MANGIATUTTO 158

MANZO CON BAMBÙ E FUNGHI 161

UOVA SALTATE 164

GAMBERI ALLA PIASTRA CON CIPOLLOTTI 167

MAIALE IN AGRODOLCE 171

MEDICINA CINESE

CAPITOLO I
INTRODUZIONE

La cucina e la dietetica cinese appartengono ad una parte della cultura, considerata per questo Paese, essenziale.

Raffinata e da molti paragonata per importanza a quella mediterranea, e in particolare a quella italiana, presenta aspetti e peculiarità che la rendono riconoscibile e inimitabile in tutto il mondo.

Risultato di una fusione delle più antiche tradizioni locali, particolari ad ogni singola regione di questo immenso paese, restituisce, nella sua interezza, un insieme di aspetti che raccolgono le abitudini della popolazione in cucina, che vanno dalle terre più aride e steppose dell'entroterra alle usanze più tipiche degli abitanti che dimorano sulle coste.

A causa anche dei continui spostamenti di

questa popolazione di viaggiatori e nomadi, fin dall'antichità i cinesi, raggiungendo ogni altro paese al mondo, hanno continuato a contaminare verso l'esterno le tradizioni culinarie dei luoghi in cui sono andati insediandosi, apportando nuovi ingredienti o modificazioni ai piatti locali, insieme anche all'introduzione di utensili e strumenti particolari.

Chi di noi non ha mai usato le bacchette per mangiare o lo wok per cucinare? Così come per la salsa di soya o le famose salse agropiccanti?

La cucina orientale, e nella fattispecie quella cinese, non manca mai, e in nessuna città del mondo, e in ogni quartiere, è possibile gustare queste stupende pietanze nei loro tipici e accoglienti ristoranti.

In Cina, paese fra i più estesi al mondo che conta la popolazione più numerosa, raggiungendo e superando il miliardo e quattrocento milioni di abitanti, e che quindi costituisce un terzo della popolazione mondiale, ogni territorio, ogni regione, presenta aspetti e tradizioni che sono tutti differenti tra loro e tutti da scoprire.

Formidabile la tradizione più raffinata e gli aspetti più nobili di questo fare cucina: l'espansione dell'impero cinese ha costituito una forte spinta e un potente propellente per far sì che questa tradizione divenisse tra le più sofisticate e ricercate al mondo.

Infatti, mentre nei piccoli ristoranti del centro o di periferia, situati nelle nostre città, possiamo trovare più o meno menu che sono entrati a far parte anche della nostra abitudine quotidiana, la cucina cinese cela in realtà un ricchissimo retroterra di molto più eleganti ed elaborate tecniche, con piatti spettacolari e raffinatissimi da preparare e servire secondo regole e tradizioni complesse e raffinate.

A semplificare, potremmo dividere la cucina cinese in quattro macroaree: la Chuan, la Lu, la Yue e la Huaiyang, che rappresentano, grosso modo, le regioni di ovest, nord, sud ed est.

I cinesi sono abituati a dividere la loro cucina in otto: Anhui, Cantonese, Fujian, Hunan, JiangSu, Shandong, Sichuan, Zhejiang.

Queste sono le province da cui provengono le tradizioni più tipiche e riconoscibili, anche se, come ad esempio anche in Italia, (paese di gran lunga più piccino rispetto all'immensa Cina), ogni piccola città o provincia può presentare rilevanti differenze nella preparazione o scelta degli ingredienti.

In Cina, il cibo e la dietetica hanno un valore molto importante sia dal punto di vista sociale che culturale.

La considerazione che viene riservata all'alimentazione è molto alta e ha origine antiche. Il mangiar sano e il mangiar bene sono le prime regole per una buona salute, e la conoscenza dei cibi e della loro cottura penetra e ha penetrato, nei secoli, tutti gli strati della società.

Il cibo è infatti considerato presso i cinesi una medicina, la prima medicina.

Così come l'intera mole di cultura che la Cina ha prodotto lungo il corso di migliaia di anni, anche alla cucina è stata dedicata un'attenzione particolare e molti sono gli studi prodotti a riguardo, soprattutto proprio nei testi di medicina tradizionale cinese.

La civiltà cinese sorge al centro di quello che noi conosciamo oggi come Repubblica Popolare Cinese, e le prime coltivazioni, di cui sono state ritrovate tracce e resti antichi, ci raccontano che le culture di miglio e saggina erano le più diffuse, soprattutto al sud.

Il grano invece ha altre origini e giunse in Cina

più tardi dalle steppe russe.

Certamente prediletta la caccia nell'antichità più remota, più tardi, nei secoli, furono introdotte le tecniche di allevamento, di animali domestici generalmente di piccolo taglia, come il maiale, molto diffuso in Cina.

Non è un caso che in cinese, "casa" si scriva con gli ideogrammi combinati di maiale e tetto :

Jia : 家 (maiale/shi : 豕 + tetto/mian : 宀)

Da questo momento nascono, si sviluppano e si affinano le tecniche di conservazione dei cibi, dalla fermentazione dei semi, all'affumicazione della carne.

Spesso, ma soltanto presso i nobili, il grasso veniva utilizzato per insaporire le vivande e renderle più gustose.

Si deve attendere il VI-IV sec. a.C. per vedere la cultura cinese fiorire e raffinarsi, stesso periodo nel quale cominceranno a sorgere le grandi filosofie e le grandi dottrine.

Con la diffusione della scrittura e lo scambio sempre più intenso dei commerci lungo la Via della Seta, i cinesi faranno della loro cucina una vera e propria arte.

Fu Confucio, il primo grande filosofo, a porre maggiore attenzione alle abitudini culinarie e a discutere sulla dietetica, anche se è possibile trovare testimonianze più antiche che narrano, attraverso quei pochi testi giunti fino a noi, nozioni importanti sull'uso e la cottura dei cibi, e soprattutto delle erbe selvatiche, intese come veri e propri farmaci per la salute.

Quello della dinastia Han resta comunque il periodo di riferimento più intenso, e il testo più celebre è quello conosciuto con il nome dell'Imperatore Giallo, in cui il sovrano, in dialogo con il grande consigliere di corte ed in uno scambio intellettuale di domande e risposte, svela al lettore i segreti della lunga vita.

Presso i cinesi, il concetto di "energia", quello che noi occidentali più volgarmente conosciamo come "calorie", se parliamo di cibo, è essenziale per descrivere qualsiasi processo e fenomeno presente in natura.

Anche qui, si nota che "energia", in cinese, si scrive con gli ideogrammi combinati di una pentola di riso (in basso) da cui si alza del vapore (in alto), proprio a simboleggiare il calore che sprigiona la materiale, calore che sempre si alza verso l'alto:

Qi: 氣 (riso/ mi: 米 + vapore/qì : 气)

Concetto più complesso ma fondamentale per capire la filosofia taoista, che tutto permea nella cultura cinese e che, quindi, descrive bene anche l'importanza della dietetica presso i cinesi, è quello di Yin e Yang.

I cibi infatti, presso i cinesi, sono sostanzialmente suddivisi in queste due macrocategorie di Yin e Yang.

Esistono cibi più Yin, quindi freddi, umidi, che contengono un'energia più potenziale e lenta, e cibi più Yang, ovvero caldi, asciutti, che sprigionano energia più rapida, immediatamente.

Molte sono poi le sfumature per poterli riconoscere e catalogarli, ma lo vedremo più avanti.

Un'ulteriore suddivisione, tipica anche della tradizione indiana, è l'indicazione dei cibi secondo il loro "sapore", un sapore che si potrebbe definire "sapore energetico", da non confondere con la stessa accezione con la quale noi indichiamo, qui in occidente, il gusto dei cibi.

I "sapori" sono cinque: amaro, dolce, salato, piccante e acido.

Il numero cinque è molto ricorrente nella cultura cinese, così come cinque, per i cinesi, sono i punti cardinali, e cinque sono gli elementi che in cinese vengono definiti "movimenti".

Anche di questo ne parleremo in seguito.

Sono state certamente le insidie dei tempi e le guerre, oltre che alle scarse condizioni igieniche e l'assenza di tecnologia avanzata, alla quale ormai oggi siamo abituati, che spinse gli esseri umani ad adoperare il loro ingegno per mettere a punto idee adatte per preservare e conservare i cibi o anche semplicemente cuocerli.

Anche le contaminazioni culturali, avvenute tra territori diversi, hanno introdotto usanze che poi eventualmente, nel tempo, sono state abbandonate, come ad esempio l'uso di latticini e derivati, che infatti nella cucina cinese sono oggi totalmente assenti.

Gli alimenti, che sopravvivono nella tradizione fino ai giorni nostri, sono certamente il riso ed il congee, una specie di zuppa fatta di riso spezzato e molto ricca di amido, e che ha l'aspetto di una pappa dolce.

Anche la carne essiccata o il pesce conservato sono molto comuni, e non c'è animale che in Cina non venga consumato.

Resta certamente il maiale, la carne più diffusa e più amata dai cinesi.

Grazie poi ai grandi commerci internazionali, molte sono state le spezie introdotte nella tradizione culinaria.

Gli scambi con portoghesi, soprattutto, che esportavano dal sud America patate, peperoncini, pomodori, mais, hanno reso questi ingredienti di uso comune nella Cina più moderna.

Anche le tecniche di cottura sono molteplici e certamente, ieri come oggi, il fasto a tavola resta la prerogativa per le occasioni più ricche e cerimoniose. Il fritto, invece, è molto più facile trovarlo nel cibo più povero e di strada.

Come più sopra indicato, i cinesi sono soliti dividere la loro cucina per indicazione regionale.

Le più famose, che tutti già conoscerete, sono quella Cantonese, la cucina dello Shandong, quella del Jiangsu o, ad esempio, la cucina del Sichuan.

Le differenze principali di questi diversi stili di cucina riguardano modalità di cottura ed ingredienti, i quali, certo, riflettono la disponibilità di materie prime tipiche di quella o l'altra regione.

Ad esempio, se parliamo di una regione in prossimità del mare più frequenti saranno certamente i piatti di pesce, viceversa, per le regioni situate nell'entroterra più comuni saranno i piatti di carne.

Anche il clima è un altro elemento che genera e che ha generato, nel corso del tempo, adozioni di stili differenti in cucina, prediligendo una spezia anziché un'altra, una che favorisca la freschezza e l'altra, in caso, che combatta i raffreddori.

La cucina dello Jiangsu è riconoscibile dalle particolari tecniche di cottura, dove cucinare a vapore e brasare le carni è molto comune.

Nello Zhejiang, invece, il cibo fresco e quasi crudo è un'abitudine più quotidiana e ricorda molto la cucina giapponese.

Nel Fujian troviamo zuppe molto saporite, spesso a base di pesce, mentre nello Hunan l'agropiccante è ovunque.

La cucina Anhui resta quella più particolare: utilizza carni di selvaggina, e anche i sapori sono assai speciali e meno scontati delle altre.

Gli ingredienti che vengono utilizzati sono tutti naturali, e comprendono una varietà incredibile di radici, foglie, animali, semi, dipende in che regione ci si trovi.

Non c'è niente che non venga utilizzato nella cucina cinese, persino gli scarti. L'usanza è quella di consumare tutto cercando di non buttare via mai niente.

Anche le tecniche di conservazione del cibo, molto importanti soprattutto nelle aree più rurali in cui non sempre la modernità, come i frigoriferi, è arrivata, sono molto diverse fra loro.

Essiccatura, salatura, fermentazione e salamoia o sottaceto, eventualmente con l'aggiunta di zucchero durante la preparazione, sono frequenti.

Il riso, quasi un simbolo dell'alimentazione cinese, in realtà non viene consumato allo stesso modo in tutta l'area del paese come si tende a pensare, ma ci sono delle regioni che preferiscono lavorarlo in spaghetti, come, ad esempio, al nord, dove persino gli spaghetti di grano come i nostri sono molto comuni rispetto al sud.

CAPITOLO II
INTRODUZIONE ALLA DIETETICA NELLA MEDICINA TRADIZIONALE CINESE

In medicina tradizionale cinese il corpo e la mente sono considerati una unica cosa.

Non c'è nulla che il corpo non faccia, che non influenzi anche la mente e viceversa.

L'antica tradizione della medicina tradizionale cinese insegna al malato, (e secondo la tradizione non esiste la malattia ma il malato), come curarsi, ma soprattutto come prevenire la malattia.

Se consideriamo le malattie più comuni, come quelle che riguardano la digestione o il metabolismo, obesità, gastrite, diabete, disturbi intestinali, per dirla secondo i canoni occidentali (poiché in medicina cinese i disturbi seguono altri paradigmi e vengono chiamati diversamente, come vedremo più avanti), o anche tutte le infiammazioni in genere, che possono andare dal semplice mal di schiena alle comuni tendiniti, per non parlare di malattie da freddo come la nota influenza, conoscere il cibo, come cucinarlo e che uso farne è di primaria importanza.

Esiste perciò un'alimentazione adatta per ogni stagione, per la propria età, per la propria attività e che viene tutti i giorni svolta.

L'alimentazione del neonato non sarà quella dell'anziano, non sarà quella della donna in gravidanza, non sarà quella del patologico o della donna rispetto all'uomo.

Una volta che si ha chiaro il quadro energetico con cui si interagisce, va curata la propria alimentazione in base al caso specifico e l'individuo si troverà già un passo avanti nella cura di sé stesso, con una buona base di conoscenza su cui poggiare per praticare la cura e la prevenzione ogni giorno.

Per prima cosa, il medico che si approccerà al paziente, dovrà tener conto della sua costituzione e delle sue abitudini.

Non esistono diete che vanno bene per chiunque, come spesso siamo indotti a pensare nelle nostre abitudini più occidentali.

Una volta stilata l'anamnesi del paziente, si procederà con l'indicare quali siano i suoi disturbi più frequenti e, una volta raccolti tutti i dati necessari, sarà facile andare ad individuare quali cibi prediligere sopra altri e come e quando utilizzarli.

Il cibo, in sostanza, è la prima medicina, la più nobile.

È dalle sostanze, che il corpo estrae dal cibo ingerito, che produciamo le essenze necessarie che concorrono alla formazione di organi e tessuti, le ossa, il sangue.

La prevenzione è considerata una pratica di saggezza, l'essere, che sia già malato, per il ricovero dovrà ricorrere a più farmaci e a terapie più intense che vanno, però, ad indebolire l'organismo.

In questo modo, invece, praticando la prevenzione e curando la dieta, non solo si ricacciano lontano i rischi di contrarre malattie, ma si rafforzano il corpo e la mente.

La dietetica cinese è particolare a sé stessa, non esistono eguali al mondo e resta in assoluto la più antica base di prevenzione ad essere mai stata concepita dall'uomo, con tradizioni millenarie!

Come abbiamo più volte ripetuto nell'introduzione, non c'è nulla che in dietetica cinese sia proibito: ogni cibo può essere la cura, e questo modo di pensare e di agire ricorda molto l'insegnamento buddista, che dice: "tutto può far bene, tutto può far male", dipende da chi, come e quando lo si utilizza.

La conoscenza, dunque, degli ingredienti è

fondamentale, e le tecniche di cottura anche andranno imparate ed affinate per poter arrivare ad essere padroni della lavorazione e trasformazione della materia prima in cucina.

Ogni cottura o conservazione del cibo, anche nel caso in cui la materia prima sia la stessa (es. Pesce al vapore o pesce essiccato), provoca reazioni chimiche nel nostro corpo che sono differenti.

Lavorare e "giocare" con l'energia dei cibi e del proprio corpo non solo è affascinante, ma estremamente utile, e risulterà a lungo tempo essenzialmente benefico.

Forse esiste una sola eccezione, ovvero che nella cucina cinese sono del tutto assenti latticini e derivati.

È un dato rilevante e una curiosità, sia dal punto di vista della salute, infatti in Cina è raro trovare obesi, sia dal punto di vista antropologico, poiché è stato verificato che la popolazione di origine cinese sia oggi essenzialmente intollerante ai latticini, non avendo, nel corso dei secoli, sviluppato nessun enzima necessario alla loro digestione.

A differenza della nostra cucina occidentale (per semplificare, poiché anche tra le varie cucine in occidente molte sono le differenze sostanziali), la cucina cinese si basa molto sulla qualità dei cibi, prima ancora che nella loro quantità.

Abbiamo accennato più sopra alla suddivisione dei cibi nella cultura cinese, e quindi nella medicina tradizionale cinese.

La prima differenza vede i cibi dividersi nelle prime due macrocategorie, Yin/Yang.

La seconda più particolare suddivisione vede i cibi classificati nella loro indicazione energetica potenziale: ci sono cibi di natura "fredda", "fresca", "neutra", "tiepida" e calda".

L'ultima classificazione è in base al loro sapore

"d'origine": amaro, dolce, salato, acido e piccante.

Perché "sapore d'origine"?

Perché per dolce, ad esempio, non si intende un cibo al quale sia stato eventualmente aggiunto dello zucchero, e per salato non si intende un cibo al quale sia stato ad esempio aggiunto del sale.

Dolci, per intendersi, sono la patata, la carota, il miglio, e salata è la carne di maiale, i fagioli, e così via.

Ci si riferisce, cioè, al sapore sottile dei cibi, al sapore di questi prima ancora che vengano conditi o prima ancora che affrontino qualsiasi tipo di cottura o conservazione.

Nel caso di un cibo con aggiunta di sale o zucchero, la medicina cinese considera quel cibo "drogato", ovvero, in eccesso di yin o yang, eccessivamente dolce o eccessivamente salato, e che quindi risulterà essere un cibo forte, dalla grande carica energetica, e che però può portare facilmente ad uno squilibrio energetico.

L'obiettivo, infatti, è proprio quello di trovare l'equilibrio nel cibo e tra i cibi, al fine di adottare un'alimentazione che non sia mai eccessiva, mai pesante, mai compromettente dal punto di vista energetico, ma equilibrato e in armonia.

Le regole base di classificazione, che vi abbiamo appena illustrato, sono le regole auree di ogni classificazione che la medicina tradizionale cinese presenta nei confronti di ogni elemento in natura, anche delle piante che vengono utilizzate a scopo fitoterapico, come le erbe officinali o alcuni tipi di radice che vengono utlizzate a scopo medico, oppure anche del mondo dei funghi, largamente usati in Cina a scopo terapeutico.

Lo zenzero (o ginger), che in molti conosciamo, è considerata, ad esempio, una radice di natura fresca rispetto alla natura più calda del peperoncino di sapore dolce/piccante e che, aiutando la digestione, viene spesso utilizzato per azionare lo yang di stomaco e milza, ma soprattutto per tonificare il polmone, essendo anche di colore bianco.

Anche la suddivisione per colori è molto importante.

I colori sono cinque: nero, verde, rosso, giallo, bianco, come lo sono i sapori e come la classificazione della loro natura termica.

Li affronteremo comunque più avanti in modo più dettagliato.

Non sono dunque contemplate nella medicina cinese tradizionale "le diete" che solitamente si affacciano nelle nostre abitudini occidentali più ricorrenti, come quelle dimagranti o quelle dette "zona".

Tutto deve essere contemplato, e tutto si deve poter mangiare, poiché sinonimo di mal funzionamento e di malattia sarà anche una certa intolleranza ad un cibo o ad un altro, che indica in realtà uno squilibrio e, quindi, l'obiettivo sarà quello di ripristinare quell'equilibrio che riporti l'individuo al centro, cioè ad essere tollerante nei confronti di qualsiasi tipologia di alimento, non la sua abolizione.

Nel caso poi si voglia dimagrire, poiché si è divenuti particolarmente in sovrappeso, la medicina tradizionale cinese non contempla la quantità di calorie presenti nei cibi, come noi siamo abituati ed indotti a fare dalla nostra scienza ufficiale occidentale.

Si andranno invece a consumare quei cibi che pian piano aiutino a ripristinare un corretto metabolismo, e al contempo che aiutino ad alleggerirci o farci perdere i liquidi in eccesso.

La cucina al vapore è di gran lunga consigliata e preferita per dimagrire rispetto alle insalate o alle mozzarelle, che secondo la medicina tradizionale cinese hanno persino effetto contrario.

Cioè, in caso di "stasi di yin" (ovvero un metabolismo pigro e l'eccesso di accumulo di liquidi), non potrà certo risolvere il problema un cibo estremamente yin, come quello crudo o come un latticino (cibi molto yin e molto freddi per eccellenza), ma si necessiterà di consumare cibi che mantengano la loro carica vitaminica, (il vapore non è come bollire il cibo, ma cuoce delicatamente e conserva le proprietà dell'alimento che restano intatte), attraverso una cottura a vapore, che possa anche generare a sua volta e sprigionare quell'energia necessaria al ripristino del metabolismo, e che "congeli" l'energia ulteriormente.

Molte sono le indicazioni, i cibi sono tantissimi e differenti, e complesse le loro qualità, così come le malattie, almeno da comprendere adesso che siamo solo all'inizio.

Per fare altri esempi, nel caso di un fegato

affaticato, il consumo di verdure verdi a foglia larga è sempre molto indicato.

Queste sono oltretutto speciali (essendo di natura fresca e ricche di sali minerali) per il rafforzamento delle ossa.

Infatti il buon funzionamento del fegato determina anche un buon funzionamento dei reni, che secondo la medicina cinese "reggono le ossa", sono cioè corresponsabili della corretta idratazione corporea e allontanano infine, quando ben funzionanti, il rischio di osteoporosi.

Chi soffre di allergie spesso vedrà privarsi, almeno fino a completa guarigione, di cibi considerati caldi, come i crostacei, ma anche cibi troppo freddi che però risultano acidi, come il burro, lo zucchero e i dolci più in generale.

Tutto dipende non solo dalla costituzione ma anche dalle abitudini di tutti i giorni dell'individuo, se questo pratica attività fisica, il tipo di lavoro che svolge, ma anche il suo carattere, che certamente concorre a determinare una certa natura particolare della persona, natura che si riversa anche sul funzionamento della digestione dei cibi.

Poiché il corpo e la mente sono considerati un'unica cosa, anche il cibo è sia materiale che spirituale, tale va trattato.

Se l'individuo ha un carattere dal forte temperamento e magari spesso irascibile, certamente dovrà tenere conto anche di questo e prediligere cibi che lo aiutino a ritrovare un equilibrio, non solo fisico ma anche psichico.

Vale il nostro motto latino: mens sana in corpore sano.

Nel caso di malattia, si procederà poi a considerare l'origine della malattia più che il sintomo di per sé.

Un mal di testa o una diarrea, nella medicina tradizionale cinese, non vengono diagnosticate nello stesso modo che nel metodo occidentale.

Molte sono le tipologie di mal di testa, e differenti possono essere le cause di una diarrea.

Ovvero, il mal di testa può essere causato da un eccesso di yang, ovvero calore che sale troppo in alto e si stacca dallo yin che sta in basso, determinando così un blocco e l'interruzione del flusso energetico yin/yang del

Qi e, quindi, la comparsa del sintomo, in questo caso un mal di testa.

Ma il mal di testa, può anche essere di origine yin, ovvero essere provocato da freddo eccessivo.

Il medico sarà capace di determinare l'origine del sintomo e trovare la giusta cura alimentare che possa aiutare il paziente a ricoverare dal suo dolore.

Stessa cosa per una diarrea. Ci sono diarree

da freddo o da caldo.

Da freddo, ad esempio, quando il meridiano di milza si dice "vada in vuoto", cioè che le manchi lo yang necessario a trattenere i liquidi che in eccesso vengono eliminati dal corpo attraverso l'intestino, e dia origine alla comparsa di un sintomo diarroico.

Ma la diarrea può anche essere provocata da eccesso di calore, ovvero eccesso di yang, dove un intestino possa risultare infiammato, e quindi dia origine alla patologia.

Certamente, per la medicina tradizionale cinese, il consumo di cibi equilibrati, ovvero mai troppo yin, mai troppo yang, non eccessivamente freddi o eccessivamente caldi, sono la buona abitudine da adottare ogni giorno.

La presenza, infatti, di bevande calde, come il tea (senza zucchero!), o il frequente consumo di zuppe e brodi, o il cibo cotto al vapore, risultano sempre, a tutte le età e in ogni circostanza, un toccasana per chiunque.

CAPITOLO III

LE BASI DELLA MEDICINA TRADIZIONALE CINESE

"Prima che Cielo e Terra prendessero forma, tutto era senza forma, non definito, vuoto e confuso; fu chiamato quindi "il Supremo Inizio". La via si manifestò nel delicato e nel trasparente; il delicato e il trasparente generarono lo Spazio e il Tempo; lo Spazio e Tempo generarono il Qi. Nel Qi si manifestò la via; ciò che era trasparente e inafferrabile si dissolse e nacque il Cielo; ciò che era pesante e torbido si addensò e diventò Terra. La concentrazione di ciò che è chiaro e sottile è facile, mentre l'aggregazione di ciò che è pesante e torbido è difficile, e per questa ragione il Cielo fu completato prima della Terra".

È così che viene tradotto dal cinese il compendio, forse, più antico e famoso della storia, tratto dal libro "Il libro del maestro Huainan", dove si descrive l'ordine cosmico e celeste.

La cultura cinese è frutto di migliaia di anni di osservazione dei fenomeni celesti, cosmici, naturali, portata avanti da grandi maestri e il cui pensiero è giunto fino ai giorni nostri, e che ancora viene seguito con grande fascinazione ed interesse.

Quello che leggiamo in questo breve estratto, se pur non di intuitiva comprensione, racchiude, nella sua semplicità di esposizione, la descrizione di tutte le leggi fenomeniche e della nascita dell'universo.

La nascita dell'universo, qui riportata, pone all'attenzione dapprima un amalgama indifferenziato, poi la comparsa dei due opposti, lo Spazio ed il Tempo. Questi due opposti generano, a loro volta, il Qi, ovvero l'Energia. Il movimento energetico che ne deriva genera la qualità delle forme, tra pesante e leggero, facile e difficile, semplice e complesso: ovvero lo Yin e lo Yang.

Potremmo paragonare lo Yin e lo Yang come i due poli opposti che caratterizzano ogni fenomeno osservabile e presente in qualsiasi manifestazione della natura e dell'universo.

Il loro essere opposti non li rende divisi, ma, al contrario, essi fanno parte di un'unicità, il tutto da cui tutto deriva. Lo Yin e lo Yang si inseguono l'un l'altro e li possiamo trovare in ogni elemento presente, sempre insieme, una quantità dell'uno e dell'altro che coesistono contemporaneamente, in una realtà dove non esiste solo uno o solo l'altro.

Lo Yin ha le sue qualità, lo Yang ha le sue qualità. Sono distinguibili e si muovono in piena autonomia, ma sempre sono presenti insieme, in qualsiasi cosa.

Proprio questa loro diversità rende possibile il movimento dell'universo, e quindi il susseguirsi delle continue trasformazioni che caratterizzano l'esistenza intera.

Insieme, Yin e Yang, sono il Dao, o Tao.

Proprio il loro simbolo, quello del Tao, molto noto, presenta un cerchio diviso in parti uguali, una bianca e una nera, dove nella parte nera c'è un punto bianco e, viceversa, nella parte bianca troviamo un punto nero. Anche la linea di divisione non è netta, ma è una linea che curva, facendo una esse che simboleggia l'eterno movimento delle due polarità e la loro eterna compresenza.

Lo Yang sale, lo Yin scende. Lo Yang è caldo, lo Yin è freddo. Lo Yang è luminoso, lo Yin è buio.

Questo loro continuo movimento e questa loro perenne compresenza, giorno e notte, caldo e freddo, pieno e vuoto, determinano l'intera realtà in cui siamo immersi e la dinamica che ne consegue, cioè tutti i fenomeni possibili, osservabili e descrivibili.

Così come troviamo Yin e Yang nei fenomeni celesti, così come li troviamo nella natura di tutte le cose, anche il corpo umano li presenta, ed esso può essere suddiviso tra parti Yin e parti Yang.

Le parti Yang saranno quelle dell'alto: gli arti superiori, la testa, il torace. Le parti Yin, quelle del basso: le pelvi, gli arti inferiori.

Le parti Yang sono anche quelle esterne, come la pelle, i capelli, e tutto ciò che è osservabile in superficie, mentre le parti Yin saranno considerate le parti interne, come gli organi, le viscere e le ossa.

Esiste un alto ed un basso, un interno ed un esterno, un davanti e un dietro, un visibile ed un invisibile.

A loro volta, anche le parti del corpo, considerate nella loro totalità di qualità Yin, si dividono tra loro tra organi (Zang) Yin e viscere

(Fu) Yang.

Cioè gli organi vuoti e quelli pieni.

Vuoto è lo stomaco e lo è la vescica, per la loro natura di sacca, atti alla trasformazione, quindi sono considerati yang, mentre yin saranno gli organi pieni, come il cuore o il fegato, destinati alla conservazione.

Lo Stomaco sarà yang rispetto alla milza Yin, la vescica sarà Yang rispetto alle reni Yin.

Yin e Yang si possono quindi determinare sempre, e qualora noi poniamo due elementi a confronto ed uno sarà più yang rispetto ad uno meno yang, viceversa, uno più Yin rispetto ad un altro meno Yin. Dove il meno Yang sarà Yin rispetto all'elemento più Yang molto yang, e così via.

Capita, a volte, che la natura di un elemento sia troppo Yin e possa sovrastare lo Yang, così come accade l'opposto. In questo caso di sovrapposizione, si determinerà uno squilibrio energetico.

L'equilibrio sta nella routinaria opposizione e susseguirsi continuo dei due aspetti, senza che uno prevalga sull'altro, senza che uno divori l'altro.

Se il fuoco brucia tutto, non resta acqua.

Lo Yang ha mangiato lo Yin.

Se l'acqua spegne tutto il fuoco, lo Yin ha mangiato lo Yang.

Questo non è buono, non è sano.

Serve una compresenza e un equilibrio tra acqua e fuoco, affinché l'energia non smetta mai di scorrere.

L'importante è che il Qi si muova.

Ad esempio, prendiamo il sangue che scorre nel corpo. Esso è elemento yin, ma non può vivere senza lo yang che lo aiuta a circolare nei vasi. È quindi necessaria l'armonia fra la presenza di sangue nei vasi e il movimento costante di questo all'interno dei vasi, il movimento dell'energia yang e l'elemento materiale yin.

Dove troviamo YIN:

Acqua, buio, terra, quiete, conservazione, dentro, concentrazione, raffreddamento, sostegno, nutrimento, conservazione, spazio, umidità, morbidezza, lentezza, freddo, ricettività, densità, materiale, discesa, calma, forma, addome, interno, basso, sotto, organi e visceri, sangue, essenza, energia che nutre, canali yin, canali principali (quindi non periferici, ma centrali), cronicità, insorgenza lenta della malattia e persistenza.

Dove troviamo YANG:

Fuoco, luce, cielo, movimento, distribuzione, esterno, diffusione, riscaldamento, trasformazione, movimento, circolazione, tempo, secco, duro, velocità, calore, attività, sottile, immateriale, salita, energia, dorso del corpo, alto, sopra, canali (invece che gli organi, per canali si intendono i meridiani che sono, infatti, yang rispetto agli organi-visceri di natura yin), visceri e cavi (che sono yang rispetto agli organi pieni yin), canali collaterali (ovvero non centrali ma periferici), dolori acuti, insorgenza rapida della malattia, cambiamento o ricovero rapido della malattia.

CAPITOLO IV
I CINQUE MOVIMENTI

Abbiamo così imparato che Yin e Yang sono i due aspetti polari di tutti i fenomeni che ci circondando. Il giorno e la notte, la luce e il buio, il caldo ed il freddo, il fuoco e l'acqua, il pieno e il vuoto, il solido e il fluido, l'inverno e l'estate.

Sappiamo che tra l'inverno e l'estate esiste la primavera, e che fra l'estate e l'inverno esiste l'autunno. Ci sono, cioè, aspetti di transizione che caratterizzano ogni processo di trasformazione dell'Energia, ovvero fasi anche intermedie che determinano il più o meno yin o il più o meno yang.

Sono le relazioni che determinano l'incessante flusso energetico che tutto domina.

Per questo, in medicina cinese esistono i wuxing, ovvero i cinque elementi, che noi però andremmo a chiamare i cinque movimenti.

Queste relazioni sono strettamente interconnesse fra loro e determinano tutte quelle sfumature di passaggio da uno stato all'altro dell'esistenza. L'acqua fredda, prima di essere portata ad ebollizione, si surriscalda, fino a quando le sue molecole cominceranno a slegarsi e a fare le bolle. Più si lascia l'acqua bollire, più questa andrà esaurendosi, trasformandosi in vapore.

Partiamo dal concetto anche che, come abbiamo visto più sopra, il numero 5 è molto ricorrente nella medicina cinese: cinque sono i colori, cinque sono i sapori, cinque sono le qualità termiche dei cibi.

Anche i punti cardinali sono cinque, ovvero il nord, che è espressione del Massimo Yin, il sud, espressione del Massimo Yang, l'ovest, che è yin in divenire mentre transita verso lo yang, e l'est, che è yang in divenire mentre transita verso lo yin, e poi esiste il quinto punto cardinale, ovvero il centro, che rappresenta l'equilibrio perfetto, il giallo, il mite, il tiepido, la terra.

Tutti questi aspetti sono strettamente connessi fra di loro, e costituiscono, tutti insieme, l'aspetto ciclico che qualsiasi cosa pervade.

La terra, che sta al centro come l'uomo è considerato al centro dell'universo, è colei dalla quale tutto scaturisce, ovvero l'elemento in grado di procreare, in cui il seme può germinare, da cui si innalza la vita.

I cinque movimenti sono: legno, fuoco, terra, metallo, acqua, e ognuno di questi movimenti ha la sua corrispondenza in un sapore, un colore, un punto cardinale una qualità yin o yang, e anche di yin in divenire o di yang in divenire.

Esiste anche un processo di generazione dei movimenti, ovvero il legno genera il fuoco, che genera la terra, che genera il metallo, che genera l'acqua.

A questi movimenti e al loro ciclo generazionale corrispondono, nel corpo umano, i meridiani e, quindi, gli organi e i visceri.

Al legno è associato il fegato e il suo meridiano, così come la cistifellea è legno.

Al fuoco il cuore e l'intestino tenue.

Alla terra lo stomaco, la milza e il pancreas.

Al metallo il polmone.

All'acqua reni e vescica.

Tutti questi aspetti, legno, fuoco, terra, metallo e acqua, sono anche associati ad ogni caratteristica ed aspetto del corpo dell'uomo e della sua fisiologia.

Il colorito della pelle, il colore dei suoi occhi o dei capelli, ma anche le sue emozioni, il tono di voce, il carattere, la massa muscolare, la tipologia di ossatura, tutti questi dettagli che un bravo medico cinese subito nota.

CAPITOLO V
LA RELAZIONE DEI CINQUE MOVIMENTI

Abbiamo accennato prima alla relazione che caratterizza il ciclo dei cinque movimenti.

Tra loro infatti esiste un rapporto di generazione (legno che genera fuoco, che genera terra, che genera metallo, che genera acqua, che genera legno) e di controllo, ovvero che sarà il legno a trattenere acqua, che viene trattenuta dai metalli, che vengono trattenuti dalla terra, che viene trattenuta dal fuoco, che trattiene il legno.

Così come è possibile che possa essere il legno che influenzi la terra, la quale a sua volta condizioni l'acqua, che spenga il fuoco, che scaldi il metallo e così via, in un ciclo dove l'alternanza avanza di due, in quello che viene definito rapporto "nonno-nipote".

È altresì probabile che tutto ciò che abbiamo appena descritto avvenga al contrario, ovvero, guardando al ciclo in senso antiorario, avvenga una controproduzione, una contro-controllo.

Se avviene che questo ciclo sia interrotto o non proceda secondo la sua legge naturale, ci troviamo certamente davanti alla manifestazione di una patologia.

Il sistema diviene perciò disfunzionale, e ogni movimento apparirà predominante sull'altro, sopraffandolo.

Per le leggi naturali e per lo Yin e Yang che tutto governa, possiamo subito intuire che se un movimento diventa eccessivo, aggredendone un altro, questo altro tenterà di difendersi ribellandosi e generando, infine, il caos.

Lo stesso avviene se uno di questi movimento si trova in deficit. Quindi, sia eccesso che deficit provocano una disfunzionalità.

Nel caso, ad esempio, di mancanza di acqua, questa potrà chiedere più forza al legno, che a sua volta potrebbe scaricare sul fuoco, provocando un "invasione di campo".

È il caso in cui, per addentrarci meglio nella "fisiologia dei movimenti", ovvero il processo eziopatogenico, il rene, (che appartiene al movimento dell'acqua, quindi allo stadio dello Yin al Massimo), nel caso non risulti funzionare bene, scarichi il suo eccesso sul fegato (che appartiene al movimento del legno, ovvero dello Yang in transizione verso lo yin), il quale, affaticato, generi peso sul cuore (che appartiene al movimento del fuoco, lo yang al massimo).

CAPITOLO VI
XUE, JINYE E JING

Ci addentriamo adesso nel capitolo che descrive ciò che per la medicina occidentale sono considerati i fluidi del corpo, i quali, in medicina cinese, sono così ripartiti: xue, jinye e jing.

Per xue si intende il sangue, per jinye l'insieme dei fluidi del corpo, e per jing l'essenza, come lo sperma o il midollo.

I tre concetti di sangue, fluido corporeo e sperma, non potranno certo essere compresi alla luce della concezione scientifica occidentale moderna, ma strettamente secondo i canoni di medicina tradizionale cinese.

Lo xue-sangue rappresenta una forma di energia, un aspetto prettamente yin, che ha una forma, viscosa, inscindibile dal suo aspetto energetico.

Sempre il Qi, ovvero l'energia, è quella forza che permette al sangue di scorrere e che senza non esisterebbe.

Il sangue-xue è la linfa vitale che scorre nei vasi, raggiungendo ogni periferia del corpo, nutrendola e dandole vita.

Nel sangue sono anche custodite le emozioni, lo spirito, che in cinese si dice "shen".

Il sangue prende la sua forma nel nostro cuore, ed è il risultato della metabolizzazione e trasformazione dei cibi che avviene nello stomaco, e grazie alla milza, dopodiché, sale nei polmoni dove incontra l'energia primordiale del respiro e diviene Xue.

È il fegato a conservare il sangue, così come sappiamo anche che ne controlla il volume nei vasi, e si purifica, rigenerandosi, durante la notte, con l'aiuto della milza che "lo trattiene" (aspetto quello del "trattenimento" di milza che sviscereremo più avanti).

Lo Jinye, come il sangue, costituiscono un aspetto yin del Qi-energia.

Come il sangue, vivificano il corpo, scorrono dappertutto e mantengono umidi i tessuti, oltre a controllare la temperature del corpo stesso. Sono anche responsabili della purificazione, e quindi dell'eliminazione delle scorie in eccesso presenti dentro al corpo, come quelle introdotte attraverso l'aria o gli alimenti, grazie alla loro capacità di trasformarsi in liquidi tossici, come il sudore e le urine.

È necessario, a loro riguardo, introdurvi ad un meridiano di cui non avevamo fino ad ora fatto menzione, ovvero il triplice riscaldatore, meridiano deputato al metabolismo e ripartito in superiore, mediano ed inferiore.

Infatti, lo jinye e la sua distribuzione è proprio regolato dal triplice riscaldatore, cioè dal metabolismo del corpo.

La parte mediana del triplice riscaldatore lavora con milza e stomaco ed è deputata a separare la parte sporca da quella pulita dei liquidi, provvedendo a dare ai polmoni la parte purificata e a consegnare all'intestino tenue quella torbida.

In quella superiore, dove troviamo il polmone che ha appena ricevuto dalla milza la parte limpida, la invia al cuore, per tenere umido e nutrito il corpo e il rene.

Nel triplice riscaldatore inferiore, il rene, che qui si trova, rinvia la sua parte "vaporizzata" al polmone, e il suo ulteriore scarto alla vescica, la quale, da ultima, tiene per sé il fluido buono con cui contribuisce a mantenere umida la pelle e i muscoli, e scarterà, fuori dal corpo, la parte torbida.

Il Jing, infine, detto anche essenza sublime, trova il suo tesoriere nel rene. È un elemento ereditario, fa parte, cioè, del patrimonio genetico con cui ognuno di noi viene al mondo e si esaurisce a mano a mano che il corpo perde di energia e di tonicità, invecchiando fino alla morte. Per questo è responsabile di tutto il ciclo vitale dell'uomo, dal suo concepimento alla sua crescita nell'infanzia, la maturazione nell'età adulta, la gravidanza, la vecchiaia.

Il Jing è il produttore dei midolli, e quindi è indispensabile alla formazione del cervello e del midollo spinale. E come il sangue è la dimora delle emozioni, così nel jing risiede la nostra coscienza.

Vediamo anche meglio cosa significa Shen.

Ebbene, lo shen, che abbiamo fin qui definito "emozioni", è in realtà qualcosa di più complesso, è cioè quella parte più sottile che riguarda l'aspetto più misterioso del Qi, dell'energia che tutto governa.

Nel corpo umano, lo shen ha bisogno del jing per mettere radici e, se ci pensiamo bene, il cervello, con il suo midollo spinale che corre lungo la colonna vertebrale, ha quasi la forma di un'ampolla con il germe, una specie di piccola radice che mantiene salda la parte superiore a quella inferiore del corpo, e gli permette di muoversi nel mondo, sensorialmente e con coscienza.

Shen è anche memoria, capacità cognitive, intelletto, razionalità.

Ogni organo del corpo, a sua volta, ha il suo shen, ovvero esiste lo shen di cuore, quello di stomaco, di fegato, e così via.

Questo perché lo shen si muove nel sangue, come abbiamo visto, e circolando viene trasportato a tutte le aree periferiche e non del corpo, dando loro la vita più sottile dell'esistenza.

CAPITOLO VII
LA MALATTIA

Così come abbiamo imparato sull'armonia del processo ciclico dei fenomeni e abbiamo osservato come si relazionino fra loro i movimenti, sarà dunque facile comprendere adesso cosa significhi andare in cerca dell'armonia e del rispetto di ciò che ci circonda, rispetto anche al nostro corpo.

Agire secondo natura, è ciò che il saggio cinese va facendo per raggiungere uno stato di piena forza mentale e fisica.

Il segreto è l'adattamento alle stagioni, alle emozioni, e la conoscenza dei lati, apparentemente più imperscrutabili dei mutamenti energetici, e tutto ciò che ci aiuta a relazionarsi ad essi.

Raggiunta una certa conoscenza, non solo siamo in grado di guarire da ciò che può affliggerci o farci ammalare, ma di prevenire la malattia, poiché si conosce causa ed effetto dei fenomeni e si può anticiparli o gestirli.

Le cause della malattia possono essere di tipo esterno, interno, oppure dovute alla natura delle cose, come la costituzione di una persona o le sue abitudini.

Le cause esterne, per i cinesi, sono sei e considerate essere: il caldo (come quello estivo stagionale), il freddo, il vento, l'umidità, il fuoco (calore eccessivo) e la secchezza.

Questi agenti esterni penetrano nel corpo attraverso la pelle e i polmoni.

Il vento può essere vento-freddo o vento-caldo.

L'umidità può essere umidità-calore o umidità-fredda.

Anche la secchezza può essere da freddo o da caldo.

E così via.

Queste osservazioni sono importanti poiché si deve conoscere e poter capire bene la natura del patogeno, che sia interno od esterno, che potrebbe essere più tendente allo yin o allo yang, per una migliore diagnosi che sia efficace in caso di terapia e, nel nostro caso, a preparare il cibo adatto alla guarigione.

Tutti questi patogeni, detti esterni, possono anche prodursi internamente al corpo e poi manifestarsi all'esterno.

L'origine del patogeno può essere, dunque, interna o esterna, e può nascere da dentro o arrivare da fuori.

Vediamo meglio: oltre alle cause esterne, esistono anche la cause interne, ovvero quelle che richiamano alle emozioni, alla vita psichica dell'individuo, al suo shen; anch'esse possono nascere da dentro, o arrivare da fuori.

Sarà per voi adesso facilmente intuibile che se le cause sono interne colpiscono lo shen, ed ad essere compromesso, come prima cosa, sarà il Qi-energia, e con lui il cuore che produce il sangue-xue, che, insieme al Qi, veicola lo shen.

Compromesso, potrà essere anche il fegato, che conserva e tesaurizza il sangue-xue e ne controlla il volume di distribuzione nei vasi, i quali conducono poi ad ogni periferia del corpo per irrorarla, di essenze e di shen.

Con un Qi in eccesso a seguire sarà la fatica e con un Qi consumato a seguire anche sarà la fatica. Quando subentra la fatica, e quindi si presenta un deficit di Qi, l'energia non scorre bene e genera problemi di flusso energetico, con la conseguente stagnazione e l'insorgere della malattia.

Se questi eccessi e deficit sono frequenti, si provoca lo stress nella persona, e quindi un'alterazione generale di ogni processo naturale ciclico delle forze e dei movimenti.

Quando il Qi non circola bene, comporta una stagnazione dello stesso in qualche luogo e dà origine alla malattia.

Le emozioni, secondo i cinesi, sono cinque: euforia, collera, pensiero, tristezza, paura.

Ad ognuna di queste emozioni, abbiamo la tabella precedente a cui fare riferimento, in modo che possiate divertirvi a guardare tutti gli abbinamenti corrispondenti, emozione-organo, emozione-stagione, emozione-colore etc…

Sappiate che con la collera si produce una spinta dello yang, e quindi il Qi sale verso l'alto.

Con l'euforia il Qi si sprigiona, e quindi lo shen si disperde.

Con il troppo pensiero il Qi si attorciglia su sé stesso, e creando ostruzione produce stagnazione perché si blocca.

Con la tristezza il Qi viene dissipato e viene

consumato.

Con la paura si produce una spinta dello yang verso il basso, quindi contro tendenza, e il qi discende causando una perdita di shen, quindi di esaurimento dello yin.

Esistono anche cause che non sono interne e non sono esterne, ovvero la costituzione o le abitudini di tutti i giorni.

Vi ricordate del jing? (vedere sopra), ecco, le cause non interne e non esterne dipendono dal jing, ovvero dalle essenze di cui siamo conservatori e portatori.

Capire di che essenze siamo costituiti aiuta immediatamente a farsi un'idea sulle possibili malattie che possono insorgere, ancora prima che queste si manifestino.

Avere l'occhio clinico, cioè, secondo la medicina tradizionale cinese, significa essere capaci di raccogliere tutte quelle informazioni che riguardano la persona, per intuire subito quali tendenze ella possa sviluppare.

Esistono soggetti di natura più debole, più forte, con forti attitudini yang o yin, con i capelli di un colore o di un altro, con una pelle chiara e sensibile o una pelle più scura e resistente, alti, bassi, flaccidi, tonici, e così via.

Le cause, come sappiamo, possono essere interne, esterne o dovute al jing posseduto.

Il patogeno sarà lo stesso dunque, ma chi viene attaccato dal patogeno è differente l'uno dall'altro, e questo causa l'insorgenza eventuale della malattia in modo totalmente differente.

Anche le abitudini di una persona sono importanti: cosa mangia, dove vive, che persone frequenta. Che lavoro fa, le attività che svolge quotidianamente.

Tutti questi dettagli determinano un innalzamento o un abbassamento del Qi di ogni giorno.

Chi non fa attività fisica o si ciba in modo scoordinato e confuso, chi ha una costituzione più difficile che tende ad ingrassare, ad esempio, costituisce un quadro clinico di cui eventualmente si dovrà tenere conto, per meglio intuire quali siano le terapie più adatte a ricentrarlo e riportarlo in salute.

Anche l'eccesso di movimento non fa bene, consuma il Qi, come il troppo lavoro, il troppo studio.

La parola d'ordine è, dunque, "ricentrare" l'individuo, evitando l'eccesso o il deficit energetico.

Per ciò che concerne l'alimentazione, che è l'argomento che più ci interessa, ricordiamo che l'eccesso alimentare può "stancare" lo stomaco, la milza, e se l'energia non circola bene nei meridiani di stomaco e milza, verrà generato un blocco energetico, una stagnazione, che, a sua volta, conduce al surriscaldamento, quindi ad un innalzamento dello yang, il quale, bruciando i liquidi, porta alle infiammazioni, come ad esempio lo è la gastrite.

L'alimentazione confusa e non ordinata, mangiare male, in fretta, ad orari sempre diversi, compromette il fegato e il suo Qi, il quale si riverserà su stomaco e milza per il ciclo di contro generazione che abbiamo visto più sopra.

Se si mangiano troppi cibi crudi, questi andranno ad intaccare lo yin, poiché avranno bisogno di consumare più yang per essere digeriti, e il deficit di yang, con un eccesso di yin, provoca anch'esso un blocco energetico, portando a stati di calore eccessivo, in mancanza proprio di quello yin che rinfresca il corpo.

Se mangiamo sempre le stesse cose, ad esempio troppo cibo piccante ogni giorno, andremo a generare malattia, poiché ad essere coinvolti saranno sempre gli stessi organi, a scapito degli altri, poichè troppo sollecitati.

Il cibo inquinato, infine, compromette irreversibilmente il jing, la vostra essenza, che non può essere facilmente riprodotta, ma solo conservata e di cui si deve avere grande rispetto.

CAPITOLO VIII
OSSERVARE ED OSSERVARSI

Alla luce di tutti questi dati di cui vi abbiamo fornito, procediamo adesso con l'imparare come e cosa osservare del nostro corpo, al fine di poter meglio comprendere quali le carenze, quali le tendenze, che compongono il quadro clinico della persona, e poter infine così procedere con la terapia adatta, prima su tutte: l'alimentazione.

Il cibo resta infatti la prima medicina, la più nobile, il nutrimento/veleno per eccellenza, che, come abbiamo visto, è considerata dai cinesi nella sua totalità, dove tutto può fare bene e tutto può fare male, dipende però da come lo usiamo, quanto ne usiamo e su chi lo usiamo.

La medicina cinese si basa principalmente su quattro elementi principali di osservazione del potenziale paziente:

1) osservare

2) ascoltare ed odorare

3) chiedere

4) palpare

Osservare, significa guardare, vedere, cercare di capire l'immagine della persona che abbiamo di fronte, significa utilizzare la vista, studiare l'aspetto della persona, il colore della sua pelle, la qualità dei suoi capelli e delle sue unghie, la sua ossatura. I medici cinesi più esperti, sanno anche osservare l'iride, l'orecchio e la lingua. Ma per ora ci limiteremo al primo più elementare approccio. Potrete prendere carta e penna, scegliere una persona che vorrete osservare e buttare giù, in lista, tutti gli elementi da voi individuati.

Ascoltare e Odorare, significa annusare, cercare l'odore sottile particolare ad ogni persona, il suo alito, l'eventuale sudorazione, o la perdita di secrezioni particolari, come quelle vaginali, ma anche significa udire la sua voce, il timbro, il tono.

Chiedere, significa trovare esattamente le domande adatte, che ci aiutino a far capire meglio lo stato del paziente, e raccogliere quelle risposte che possano guidarci verso un'analisi completa, che possa tornarci utile.

Possiamo, ad esempio, chiedere delle sue abitudini, che lavoro svolge, se si sente spesso stanco, se dorme bene o dorme male, se si arrabbia o piange, se è triste e perché, cosa mangia e quale sia il suo cibo preferito.

Palpare, ovvero toccare, per capire la temperatura corporea e altri sottili dettagli, come la consistenza della pelle, ma anche la reazione del paziente, se questo è teso o rilassato, dove ha più dolore, e così via.

La pelle:

Osservando, si può fare una prima anamnesi dello shen della persona; il suo colore della pelle, l'intensità dello sguardo.

Procedendo, avrete questa tabella a cui fare riferimento, che potrete incrociare a quella precedente da noi fornita:

Bianco: Un incarnato più bianco e pallido ci suggerisce che la persona è di qualità "metallo", e, quindi, che a parlarci sia il suo meridiano di polmone, che potrebbe essere compromesso. Potrebbe essere una pelle bianca e umida, in tal caso si ha un vuoto di Yang, e quindi il polmone è freddo. Se invece la persona risulta molto pallida, si ha un vuoto di energia, cioè di Qi.

Rosso: Un incarnato più tendente al rosso suggerisce il coinvolgimento del meridiano di cuore, e che la persona è persona di fuoco. Se sarà molto rosso, si avrà troppo fuoco, se invece sarà un rosso individuato solo su alcuni punti del corpo, significa che in quella determinate zona si verifica un vuoto di Yin.

Giallo: la persona gialla è persona di terra. Coinvolti sono lo stomaco, la milza e il pancreas. Se il giallo è brillante, siamo davanti ad un eccesso di calore e di umidità del corpo; se, invece, il giallo è giallo spento, significa che la milza non gira bene ed è in vuoto di Qi.

Nero: un colorito spento e scuro, suggerisce che il paziente può avere il meridiano di rene compromesso, ed è definito persona acqua. Le occhiaie, ad esempio, sono un sintomo di vuoto di rene. Zone del corpo violacee suggeriscono un sangue-xue che non circola, quindi una stagnazione di sangue e una mancanza di qi-energia e lo shen compromesso. Se il colore scuro tende al marrone, significa che il corpo sta consumando gli jinye, i fluidi ed eventualmente anche il jing.

Verde-Blu: In questo caso, di fronte ad un colore verdastro o bluastro, è il fegato a parlare, e la persona è detta di tipologia legno. In medicina cinese si dice che è affetta da vento interno.

Tutte queste indicazioni servono per orientarsi non solo nel colore della pelle, ma anche quello degli occhi e delle labbra. Quindi tenete bene a mente questo schema, vi tornerà molto utile.

I liquidi:

Ascoltare ed odorare una persona ci porterà a fare attenzione sull'elemento liquido che è presente in eccesso o in deficit, nel paziente.

Una persona assetata, oppure che sente la bocca spesso arsa, ma senza avere sete, se suda molto, poco, se il suo sudore emana odore e quale tipo di odore, ci parlerà, senza dirlo direttamente, del suo stato energetico.

Ad ogni modo, se la sudorazione è eccesiva significa che il corpo sta eliminando yin, a scapito dello yang, che dovrebbe trattenere il liquido corporeo ed invece, uscendo questo in abbondanza e rapidamente dal corpo, compromette il meridiano di polmone, che aiuta a regolare l'umidificazione, svuotandolo della sua energia.

Questo, in eccesso, comprometterà poi anche il rene. Ricordate? Il metallo genera acqua, quindi il polmone scarica sul rene.

La digestione:

Se il Qi-energia non circola, ad essere compromesso è tutto il meridiano del triplice riscaldatore (quello responsabile del metabolismo), ed, in particolare, quel mediano che coinvolge a sua volta i meridiani di fegato, stomaco e milza-pancreas.

Quando ciò accade, si ripercuote anche sulla funzione intestinale, le feci potrebbero non essere ottimali, ad esempio più liquide del solito o senza forma.

Troppo calore, che accelera il fuoco, crea inappetenza, e l'inappetenza può essere accompagnata da gastriti, che a lungo andare potrebbero trasformarsi in ulcere.

Per un buon funzionamento delle funzioni digestive, e quindi di uno stomaco che funzioni in modo ottimale, lo yang deve scendere verso il basso, non salire, poiché in questo caso avranno origine reflussi o anche il semplice singhiozzo, sinonimo di cattiva digestione.

Dedichiamo a questa parte osservazioni più particolari, e cercate di memorizzare questa tabella come segue:

Bocca impastata: sinonimo di umidità e flegma.

Bocca amara: fuoco nel fegato, nella cistifellea o nel cuore.

Inappetenza: vuoto di Qi-energia della milza e conseguente formazione di umidità.

Fame continua: poco yin nello stomaco e quindi troppo yang.

Digestione pigra: umidità e vuoto energetico della milza.

Gastrite: fuoco nello stomaco.

Nausea: Qi controcorrente, invece di scendere sale.

Vomito dopo i pasti: acidità, e quindi ristagno

energetico nello stomaco, che il corpo tende ad eliminare attraverso l'espulsione del cibo, generando calore.

Vomito frequente anche senza aver mangiato: vuoto generale.

Nausea frequente: flegma (quindi Qi lento).

Feci dure e asciutte: calore in eccesso.

Feci secche: vuoto di sangue-xue, yin in deficit, e quindi jinye in esaurimento.

Feci senza forma: freddo, milza compromessa, vuoto di yang, poco Qi, può compromettere anche il meridiano di rene.

Feci liquide tipo diarrea e di cattivo odore: umidità e calore. Anche qui il meridiano di milza risulta essere compromesso.

Feci di cibo non digerito: poca Qi-energia in milza e rene.

Feci molto scure: molto calore.

Feci troppo chiare: umidità.

Feci molli e poi dure o viceversa: il qi del fegato è bloccato.

Stipsi: poco Qi.

Urine troppo abbondanti: freddo.

Urine scarse: calore.

Incontinenza: poco Qi, freddo, poco yang di rene.

Bruciore all'urinazione: calore.

Nicturia: vuoto di yang di rene.

Poco desiderio sessuale: lo yang viene a mancare e il Qi non circola.

Troppo desiderio sessuale: lo yang esaurisce lo yin e lo yin viene a mancare generando troppo fuoco, quindi eccesso.

Impotenza: assenza di yang.

Sterilità: il Jing è in esaurimento e si produce

freddo energetico.

La qualità del sonno:

Dormire in modo corretto, accompagnato ad un sana e consapevole alimentazione, è uno di quegli aspetti imprescindibili per poter mantenere il livello di buona salute del corpo e della mente.

Significa seguire e rispettare i ritmi, di giorno e notte, di luce e buio, del caldo e del freddo stagionale.

Se capita che ci si svegli spesso durante la notte, significa che il Qi della milza e il sangue-xue del cuore sono stati compromessi, e quindi vanno in vuoto.

Se quando ci si corica, non si riesce a prendere subito sonno ma ci vuole qualche ora prima di addormentarsi, oppure si dorme male e in modo agitato, significa che il cuore ed il rene hanno interrotto il loro dialogo e lo yang va in eccesso, provocando un deficit di yin, dove si produce il distacco e la mancata circolazione del Qi, lo yang va solo verso l'alto, lo yin scende sempre più in basso.

Se ci si sveglia dopo poche ore, e quindi si hanno sonni brevi, significa che il fuoco divampa, e il calore nel sangue-xue è troppo, compromettendo cuore, fegato, cistifellea e stomaco.

Soffrire di insonnia, significa che il Qi non circola, si verifica un pieno totale nei meridiani, che bloccando il Qi generano troppo calore e il corpo non riesce a far refluire il sangue verso il fegato, con la conseguenza che non ci si riesce mai ad addormentare.

Il sonno, quindi, è strettamente legato al sangue e alla sua circolazione, quindi allo shen che in esso scorre ed è contenuto.

CAPITOLO IX

L'APPARATO DIGERENTE

Come funziona dunque la digestione secondo la medicina tradizionale cinese?

Ammesso che stiamo per affrontare la centralità di quelle che sono le caratteristiche vitali della fisiologia umana, poiché l'uomo senza cibo e senza acqua non può sopravvivere, si comprenderà bene che mangiando bene e idratarsi in modo corretto, fa sì che le nostre abitudini raggiungano quell'equilibrio necessario per poter affrontare la vita di tutti i giorni in totale armonia con noi stessi.

A questo, va sicuramente aggiunta una sana respirazione, e quindi un corretto esercizio fisico.

Ad essere coinvolti nel processo digestivo, sono innanzitutto i meridiani di stomaco e milza-pancreas.

Come abbiamo imparato, essi fanno parte del Triplice Riscaldatore Medio, quello situato al centro, il sistema a cui è imputato il corretto funzionamento del metabolismo.

La milza-pancreas e lo stomaco, che cosa fanno?

Essi sono responsabili della ricezione del cibo e della loro trasformazione, e la loro trasformazione produce il sangue-xue, quindi anche un corretto trasporto dello shen-emozioni, oltre che delle sostanze jinye vitali.

Essendo coinvolto il triplice riscaldatore, quindi il metabolismo, ed essendo questo padrone dei liquidi, intuiamo anche che lo jinye (cioè I fluidi corporei) è qui che viene prodotto, e che da qui viene distribuito.

Perché oltre al sangue-xue, come anche abbiamo già visto, lo jinye comprende anche tutti gli altri liquidi corporei, come ad esempio il sudore o la saliva e i succhi gastrici.

Lo stomaco riceve e trasforma il cibo in liquidi preziosi, mentre la milza-pancreas, nella fattispecie, li trasforma ulteriormente, dividendoli e separandoli per distribuirli a tutte le altre parti del corpo.

Se, per funzionare, lo stomaco ha bisogno di uno yang del Qi che scenda verso il basso (capirete bene che se anche lo yang di solito tende a salire, il suo movimento di discesa durante la digestione è fondamentale, poiché uno stomaco che non riceve energia non può lavorare e comunque il Qi circola, da yang a yin e viceversa, lo yang va sempre verso lo yin e lo yin va sempre verso lo yang), la milza, al contrario, si occupa di far salire lo yin, e quindi mette in moto il sangue-xue.

Sono altresì coinvolti in questo processo l'intestino tenue e quello crasso, dove il primo perfeziona il lavoro della milza, con una ulteriore trasformazione e una ulteriore divisione, del cattivo dal buono, dove il cattivo verrà espulso e il buono mantenuto per il nutrimento del corpo, mentre il secondo farà un ultimo controllo, e se ci sono elementi ancora buoni da conservare li conserverà, eliminando definitivamente la parte sporca.

In tutto questo, il fegato gioca il ruolo di generale dell'esercito, e quindi, grazie al Qi che lui domina gestendo l'energia nel suo complesso, sarà responsabile del corretto scorrere di tutti questi processi.

Quando il fegato funziona bene, la bile che produce verrà secreta in quantità ottimali, in caso contrario potrebbe produrne troppa, generando bruciori, gastriti e infiammazioni di altro genere.

È molto importante, infine ricordare anche la funzione dei meridiani di rene, poiché essendo loro il forziere del tesoro del corpo, sono proprio quegli organi che ricevono le essenze che ci permettono di vivere e le conservano, diciamo sotto chiave, quindi le proteggono.

Se il rene funziona bene, allora tutte le qualità delle funzioni saranno corrette.

Per concludere, ricordiamo che ogni altra tipologia patologica, anche non legata necessariamente e direttamente al tratto gastrointestinale, comunque coinvolge e andrà a compromettere, indirettamente, il corretto funzionamento del corpo e la circolazione corretta dell'energia.

Non esiste un fenomeno fisiologico o psichico, dunque, che non coinvolga l'altro, e non esiste una buona o cattiva digestione che non coinvolga gli altri processi fisiologici.

Perciò, partire dall'alimentazione resta comunque importante per poter, quantomeno, principiare un percorso di buone abitudini, quelle abitudini fondamentali alla nostra quotidianità, al nostro star bene e al sano vivere.

Ogni malattia può essere affrontata cominciando subito da una corretta alimentazione, e quindi andando a correggere quegli errori o quegli squilibri che potrebbero peggiorare il nostro stato di salute, o nel caso sia già buono, comprometterlo.

Per migliorarlo, da qualunque stadio si cominci, la sana alimentazione, che segue i cicli energetici, si adatta alle stagioni, evita gli eccessi, riempie i vuoti e scarica i pieni, resta necessaria per avere piena coscienza del potere energetico che dentro il cibo è racchiuso, e per imparare a conoscere come funziona il ciclo energetico umano, per rispettarlo e vivere in armonia, con sé stessi e con ciò che ci circonda.

CAPITOLO X

COME ALIMENTARSI SECONDO LA MEDICINA TRADIZIONALE CINESE

Abbiamo imparato nei capitoli precedenti, le basi della medicina tradizionale cinese e delle cinque fasi, che caratterizzano lo schema di controllo di causa ed effetto di tutti i processi che riguardano la natura nel suo insieme e in particolare il corpo umano.

Sappiamo anche adesso, che il cibo ha un effetto farmacodinamico sull'organismo, perciò, proprio come una medicina, influenza mente e corpo e, oltre ad influenzarlo, questo può essere utilizzato per curarsi e prevenire dalle malattie.

Seguire lo schema della pratica clinica sarà anche importante e, a proposito, potrete consultare il capitolo relativo all'osservazione del corpo per meglio comprendere in merito a cosa si debba agire e come.

Si deve ricordare e tenere bene a mente che in medicina tradizionale cinese non si può ragionare secondo gli stessi principi e paradigmi ai quali siamo soliti fare riferimento, ovvero quelli della scienza occidentale, ma più sottilmente cercare di comprendere come il medico cinese, o meglio la medicina cinese, guarda al mondo esterno ed interno.

Così come i cinque sapori non vanno intesi al modo abituale, e quindi "dolce", ad esempio, non significa che nella pietanza sia stato aggiunto zucchero, bensì si riferisce alla natura originale della materia prima consumata, così quando si parla di un organo, ad esempio il fegato, non ci si riferisce all'organo fisicamente, ma al suo potenziale energetico che scorre lungo il meridiano, e quindi al percorso energetico che corre lungo il corpo, di quel determinato organo o viscere.

La dietetica, per i cinesi e per la sua medicina

tradizionale, costituisce una parte essenziale della farmacopea.

Fin dall'antichità, i medici di corte presso l'Imperatore erano coloro che comprendevano della malattia ancora prima che essa potesse manifestarsi, osservando i processi fisiologici del corpo del reale, il colorito della pelle, le feci, le urine e così via.

Per meglio comprendere come approcciarsi, si deve aver ben chiaro come funzioni lo Yin e lo Yang, da cui tutto dipende e su cui ci siamo a lungo soffermati.

Innanzitutto, per poter catalogare il cibo, si deve partire dall'osservare e determinare le caratteristiche dell'ambiente in cui la materia prima di quel cibo cresce e si sviluppa. La latitudine, il microclima, insomma anche le stagioni in cui sono più presenti alcuni cibi anziché altri, determinano la loro carica yin, oppure yang. La carne, che deriva dal mondo animale, è sicuramente yang rispetto al vegetale yin. Il pollame, o i volatili in genere, saranno più yang rispetto al pesce che è yin.

Osserviamo le piante: esiste una parte emersa, come lo stelo o le foglie, rispetto alla parte nascosta, come la radice. Ecco, la radice è yin rispetto alla foglia yang. La patata, che è un tubero, sarà ancora più yin della radice, che di solito sta sottoterra, ma più vicina alla superficie.

Altri parametri utili per determinare se un cibo sia più yang rispetto ad un altro yin, sono il colore e il sapore: un cibo rosso, come il peperoncino piccante, sarà più yang rispetto alla bietola yin, che è fresca, verde, dolciastra. La carne rossa è yang, rispetto a quella bianca più yin.

Anche la forma della materia prima del cibo ci parla. Il suo aspetto esteriore è una determinante importante e spesso suggerisce proprio l'organo, o meglio meridiano, su cui agisce maggiormente: il fagiolo ha una forma simile ai reni. La noce ha la forma del cervello. Il cavolfiore dei bronchi polmonari e così via.

Molto importante anche la consistenza del cibo, cioè la percezione che ne abbiamo quando lo si porta in bocca. Se un determinato alimento è viscido, stopposo e ligneo, oppure fibroso, carnoso etc... se fibroso aiuta il cuore, se ligneo il fegato, se croccante aiuta la milza, se molto ricchi in acqua...avrete sicuramente già capito, il rene.

Torniamo per un momento sui sapori: come abbiamo detto, il sapore di una materia prima va a stimolare proprio il meridiano di riferimento. Ci raccomandiamo, a questo proposito, di seguire la tabella sotto, poiché un conto è la percezione del sapore di quel cibo, che è soggettiva a ciascuno di noi, l'altra invece il suo potenziale energetico che va sprigionandosi, e che segue delle regole che vedrete meglio dopo.

Anche ogni organo, e quindi meridiano, ha una

sua caratteristica, la quale caratteristica può essere enfatizzata, potenziata, stimolata, da uno o l'altro alimento.

A questo proposito, possiamo ben intuire che se assumiamo un cibo che tende ad esaltare la caratteristica di un meridiano particolare (ad esempio un cibo aspro, che è associato al meridiano di fegato), allora sarà facile dedurre che se quell'alimento lo andiamo ad assumere in eccesso, anche la caratteristica del meridiano verrà esasperata, eventualmente il suo equilibrio verrà alterato e andrà a compromettere il ciclo dei cinque movimenti.

Dicono i testi più famosi di medicina tradizionale cinese che gli alimenti troppo salati rallentano la circolazione del sangue, alterano il colorito della pelle; gli alimenti troppo amari inaridiscono la pelle e provocano la caduta dei peli. Gli alimenti troppo piccanti contraggono i muscoli e seccano le unghie; gli alimenti troppo acidi fanno ritrarre la carne e rovesciare le labbra; gli alimenti troppo dolci indolenziscono le ossa e fanno cadere i capelli.

Se il cibo, secondo la medicina tradizionale cinese, è considerato un farmaco, è anche vero che lo stesso cibo può divenire tossico, e quindi un veleno.

È tossico, ad esempio, un sapore troppo eccessivo, come proprio può esserlo un alimento troppo dolce, e quindi, con aggiunta di zucchero, o troppo salato, quindi con aggiunta di molto sale. In questi casi, il cibo è considerato tossico, un veleno, cioè estremamente eccessivo dal punto di vista energetico.

È anche vero che nel caso di un "cibo velenoso", ciò non significhi che possa necessariamente far male, può anche darsi che invece faccia bene, e quindi sia utile.

Tutto può far bene, ma tutto può far male.

È altresì un cibo troppo salato la carne secca, il

prosciutto, o gli alimenti conservati appositamente sotto sale, che andrebbero lavati via dal sale prima di essere consumati. Molto, estremamente amaro, è il caffè; piccante in eccesso è considerato l'alcol. Molto acido, in eccesso, è l'aceto.

Il cibo può, dunque, una volta assunto, essere : riscaldante, rinfrescante, intiepidente, raffreddante.

Esiste un cibo che fa salire l'energia e quindi spinge lo yin, e un cibo che spinge verso il basso lo yang. Esistono alimenti che spingono verso l'interno e altri verso l'esterno (ad esempio che favoriscono la sudorazione).

Nei capitoli precedenti, abbiamo dato molta attenzione allo *jing*, l'essenza, il fluido essenziale, come il midollo o lo sperma.

Il jing, infatti, è strettamente legato allo sviluppo del corpo, e in particolare quello sessuale, e quindi alla gravidanza e alla riproduzione.

Il jing entra in azione anche quando una sostanza essenziale viene a mancare nel corpo, sostituendola ma consumando la sua riserva che è limitata, non illimitata. Sono ricchi di jing i semi, i germogli, le bucce, la frutta secca, i cibi appena colti, l'uovo, il pesce fresco, le gemme.

Le cotture dei cibi sono anche essenziali, poiché la trasformazione della materia prima determina un suo mutamento che può spingere verso lo yang o lo yin.

Le cotture come la frittura, l'arrosto, l'affumicamento, la tostatura, e quindi che usano temperature molto alte, sono cotture dette calde.

Sono le cotture neutre sempre preferibili, come quelle al vapore, a bagnomaria, la bollitura con l'utilizzo della pentola a pressione, quindi che utilizzano l'acqua per cuocere invece del fuoco e che, oltre a conservare le sostanze essenziali dei cibi, ne mantengono anche la loro idratazione.

Il cibo crudo è molto freddo. Non sempre va bene.

Le cotture lente, come lo stufato, esauriscono le essenze dei cibi, e quindi consumano, una volta assunti, il jing.

Cuocere al vapore è sempre preferibile. Non riscalda, non rinfresca, non altera.

È perfettamente equilibrato.

Anche le conservazioni dei cibi sono importanti.

Il cibo surgelato rende la materia più fredda rispetto al cibo assunto fresco e, quindi, al suo stato naturale, cioè appena colto o pescato, come nel caso del pesce. La salatura può tonificare lo yin, cioè aiutarlo, ma può anche essere eccessivo ed esaurire lo yin, con uno yang che tenderà a divampare.

Il cibo sotto spirito può far male al fegato, così come i sottaceti, che con l'acidità compromettono anche lo stomaco.

Il sottolio è considerato invece neutro.

L'affumicatura è yang, quindi considerati tossici.

I cibi secchi, come quelli disidratati, aumentano il calore del corpo e prosciugano l'acqua, quindi lo yin.

RICETTE NELLA MEDICINA CINESE

INTRODUZIONE ALLA CUCINA CINESE

L'antica tradizione della medicina tradizionale cinese insegna al malato (e secondo la tradizione non esiste la malattia, ma il malato), come curarsi, ma soprattutto come prevenire la malattia.

Non vuole essere questo un ricettario di comuni piatti da ristornate cinese da asporto, ma un piccolo compendio di suggerimenti con pietanze sane ed equilibrate, tradizionali e gustose, dove potrete trovare allegate anche molte indicazioni terapeutiche secondo la medicina tradizionale cinese, e anche alcuni cenni storici.

Il piatto nobile è quello che raccoglie i cinque colori, i cinque sapori, i cui ingredienti si sposano in armonia, e che anche all'apparenza sono tagliati, disposti e serviti rispettando le proporzioni e l'equilibrio.

Un piatto sano non è mai troppo leggero, né mai troppo pesante. Non è eccessivamente dolce o amaro, troppo piccante o acido.

Ma deve contenere nel suo insieme tutte le caratteristiche, senza che queste si accavallino fra di loro o che una copra l'altra.

Resta il cibo, la prima vera medicina, un vero e proprio farmaco, il toccasana per eccellenza.

L'alimentazione è la prima cura, quella quotidiana, responsabile di molta della nostra naturale fisiologia e a cui dovremmo sempre prestare intelligente attenzione.

Se consideriamo le malattie più comuni, come quelle che riguardano la digestione o il metabolismo, obesità, gastrite, diabete, disturbi intestinali, per dirla secondo i canoni occidentali (poiché in medicina cinese i disturbi seguono altri paradigmi e vengono chiamati diversamente, come vedremo più avanti), o anche tutte le infiammazioni in genere, che possono andare dal semplice mal di schiena alle comuni tendiniti, per non parlare di malattie da freddo, come la nota influenza, conoscere il cibo, come cucinarlo e che uso farne, è di primaria importanza.

Esiste, perciò, un'alimentazione adatta per ogni stagione, per la propria età, per la propria attività che viene tutti i giorni svolta.

L'alimentazione del neonato non sarà quella dell'anziano, non sarà quella della donna in gravidanza, non sarà quella del patologico o della donna rispetto all'uomo.

L'alimentazione del neonato, ad esempio, dovrà essere indirizzata a tonificare lo yin, necessario alla crescita, rinfrescante, ma non troppo, per permettere al qi di muoversi e allo yang di agire.

Nell'anziano, il cibo non dovrà essere eccessivamente saporito, si prediligono i sapori neutri, quelli che favoriscono il metabolismo e che preservano il jing, l'essenza, come alcune carni, il bamboo, i germogli, I semi.

Il dolce e il piccante sono indicati a primavera, favoriscono la fuoriuscita dello yang, e si devono prevenire le stasi di fegato, organo molto sensibile in questa stagione. Ecco perché, ad esempio, i sapori acidi a primavera vanno consumati con moderazione.

In estate, momento dello yang al suo massimo, i sapori indicati sono l'acido e il dolce, come la frutta, che è anche umidificante e rinfrescante.

L'amaro d'autunno è perfetto, aiuta il cuore che tanto ha lavorato d'estate.

D'inverno, l'energia ritorna all'interno e in profondità. Ottimi sono i tuberi, le radici, il piccante, che aiuta rene e polmone.

La prevenzione è considerata una pratica di saggezza, l'essere, che sia già malato, per il ricovero dovrà ricorrere a più farmaci e a terapie più intense che vanno però ad indebolire l'organismo.

La conoscenza, dunque, degli ingredienti e della buona e sana cucina è fondamentale, e le tecniche di cottura andranno imparate ed affinate per poter arrivare ad essere padroni della lavorazione e della trasformazione della materia prima in cucina.

Ogni cottura o conservazione del cibo, anche nel caso in cui la materia prima sia la stessa (es. Pesce al vapore o pesce essiccato), provoca reazioni chimiche nel nostro corpo differenti.

Lavorare e "giocare" con l'energia dei cibi e del proprio corpo non solo è affascinante, ma estremamente utile e risulterà a lungo tempo essenzialmente benefico.

Potrete, a questo scopo, consultare la tabella che troverete in fondo al libro, ogni volta che avrete delle domande su una materia prima che volete utilizzare in una ricetta, imparando su quella materia prima di come quanto possa aiutare o meno l'organismo in quel momento.

Le vostre pietanze seguiranno così il ciclo delle stagioni, l'armonia del vostro corpo, vi aiuteranno a prevenire e curare le malattie, ma soprattutto a mangiare sano e con gusto.

UTENSILI IN CUCINA

La stupenda cucina cinese, arte raffinatissima, non può non completarsi e dirsi di essere compiuta senza i suoi utensili. Cercate, se potete, di procurarveli, vi aiuteranno a preparare fantastici piatti direttamente a casa e ricreare un'atmosfera tutta orientale.

Cucinare è saper scegliere gli ingredienti, riconoscerli, metterli insieme e cuocerli. Per cuocerli, serve abilità, e gli utensili accompagnano l'artista in cucina come la penna lo scrittore, il pennello il pittore, il violino il musicista. Gli strumenti devono essere puliti, riposti con cura, affilati, pronti.

Qui, di seguito, troverete alcuni simpatici esempi di strumenti che non mancano mai in una cucina tradizionale cinese, ma potrete sbizzarrirvi, se diventerete dei fanatici della cucina cinese, nel collezionarli, e quindi approfondire meglio la conoscenza e l'arte.

Tagliare le verdure, ad esempio, sembra qualcosa di banale, ma invece a seconda del taglio e a seconda di come si interagisce con la spartizione e ripartizione della materia prima di cui ci serviamo per cucinare, si va a compiere un atto più o meno intrusivo, più o meno sofisticato, che incide persino nel potenziale energetico del cibo. Non un caso che i cinesi spesso tagliano le verdure longitudinalmente e non per orizzontale. Questo serve a rispettare il flusso del qi della crescita di un vegetale che, solitamente e volentieri, cresce in verticale e non trasversalmente. Questo, e molti altri accorgimenti, avrete modo di scoprirli qui di seguito.

1. Piccola mannaia

Cinese: 切菜刀 qiēcài dāo

La piccola mannaia cinese ha una forma rettangolare. È molto pesante, con un manico in legno o in plastica, a volte invece interamente in acciaio. È stata pensata per rompere le ossa della carne animale, quindi è un utensile molto tagliente, adatto per il chop chop tipico orientale.

I cuochi cinesi lo utilizzano spesso ed è sempre presente nella loro cucina. Aiuta a disossare le carni, o a tagliare quasi come un battuto tutte le verdure, ma anche tritare finemente la cipolla e lo zenzero che non mancano quasi mai nelle ricette.

2. Tagliere

Cinese: 切菜板 qiēcàibǎn

Il tagliere è utile per proteggere le superfici di lavoro quando si taglia, e si opera sulla carne per disossarla o per quando si tritura la verdura per la cottura nello wok.

Ci sono vari tipi di tagliere, in legno, bamboo o di plastica. I migliori sono quelli in legno o plastica.

3. Wok

Cinese: 炒鍋 chǎoguō

Lo wok è l'utensile in assoluto più utilizzato e immancabile in una cucina tradizionale. Tutte le famiglie in Cina hanno uno wok.

È utilizzato per svariati tipi di cottura, fritto, saltato, stufato e bollito, brasato e al vapore.

Sono fatti di materiale antiaderente o in ferro.

4 Schiumarola cinese

Ciinese: 漏勺 lòusháo

La schiumarola cinese è utilizzata per raccogliere dall'acqua della pentola il cibo, o schiumarla e anche per il fritto.

È davvero utile per sollevare i pezzettini di carne o pesce fritti dall'olio bollente, o per scolare gli spaghetti, I ravioli, gli wonton dall'acqua.

Ce ne sono di varie misure, alcune hanno la testa rotonda, e hanno una dimensione di circa 15cm di diametro, ma ne esistono di più piccoli o più grandi.

Sono fatti di acciaio, o di bamboo con il manico in metallo.

5. Mestolo

Cinese: 湯勺 tāngsháo

Il mestolo si utilizza per servire le zuppe dalla pentola alla ciotola.

Sono fatti di acciaio, alluminio, argento, legno, bamboo o anche di altri materiali.

6. Bacchette, lunghe e corte

Cinese: 長筷子 cháng kuàizi (筷子 kuàizi)

Le bacchette da cucina sono usate per pescare il pesce dallo wok o dalla pentola, quando l'acqua o l'olio sono molto bollenti e non sono di facile utilizzo, serve molta abilità.

Generalmente sono lunghe circa 30cm.

Quelle invece che si usano per mangiare sono molto più corte e sicuramente le conoscerete già. Vengono anche usate per mescolare, rompere le uova e agitare il fritto.

7. Vaporiera per il riso

Cinese: 電飯鍋 diànfànguō

La vaporiera per il riso è presente in ogni famiglia e in ogni casa in Cina e nel resto dell'Asia. Generalmente elettrica, si utilizza per cuocere il riso a vapore o altre cose, come le verdure. Molti cinesi hanno sempre del riso bianco a tavola, che viene consumato come noi consumiamo il pane, accompagnandolo alle altre pietanze.

Le vaporiere per il riso moderne hanno varie funzioni e possono davvero cuocere qualsiasi altra cosa, come la carne, preparare il porridge (zuppa di cereali), cuocere le uova, scaldare il latte.

Sono molto sicure e aiutano anche a mantenere in caldo il cibo per tutto il giorno.

8. Pentola a pressione

Cinese: 高壓鍋 gāoyāguō

La pentola a pressione è un utensile fondamentale. Alcune sono elettriche, altre vengono utlizzate con il fuoco sui fornelli. Vengono usate per cuocere il riso, il porridge, le zuppe, la verdura o la carne, per fare persino gli stufati.

Cuociono più velocemente di una normale pentola, e quindi aiutano a preservare tutte le qualità del cibo che con cotture lente andrebbero perdute, oltre ad essere ermeticamente chiuse, non consentendo, quindi, la fuoriuscita di troppo liquido prezioso dal cibo che potrebbe evaporare via.

Vanno sapute utilizzare, possono essere pericolose, quindi fate attenzione.

9. Cestino per il vapore

Cinese:蒸籠 zhēnglóng

Nella cucina cinese la cottura al vapore è molto presente, forse più del fritto che tutti conosciamo.

I cestini sono utilizzati per cuocere tutto, ravioli, baozi, pesce, frittate, carne, verdure.

Sono indicate per cuocere anche più piatti allo stesso tempo, grazie al sistema a piani, ovvero alla possibilità che si ha di mettere un cestino sopra l'altro, come una torre, sopra la pentola dove bolle l'acqua e dalla quale sale il vapore.

Sono di varie misure e generalmente sono fatte in bamboo, talvolta di metallo.

Sono facilissime da usare e da pulire.

RAVIOLI CINESI

O DUMPLING

I ravioli cinesi possono essere preparati al vapore o alla piastra. I ravioli cinesi al vapore sono sicuramente preferibili a quelli alla piastra, mantengono le sostanze nutritive senza alterarne il potenziale energetico che, nel caso della cottura alla piastra, e quindi l'eccesso di calore e la loro leggera disidratazione, aumentano lo yang e il fuoco del meridiano del cuore.

Entrambi sono comunque squisiti, e possono essere accompagnati da varie salse, come quella di soia, quella piccante o quella agrodolce.

È un piatto tipico e quotidiano della cucina cinese, presente in tutto il Paese.

Ingredienti:

<u>Per la pasta dei ravioli:</u>

500 gr di farina

270 ml di acqua non fredda

<u>Per il ripieno:</u>

450 gr di carne di maiale macinata

250 gr di gamberetti piccoli

1 cucchiaio di zenzero, meglio se grattugiato o tagliato sottilmente con il coltello, tipo battuto

450 gr di cavolo

4 porri tritati tipo battuto

2 cucchiai di olio di sesamo

2 cucchiai di salsa di soia

2 cucchiai di vino di riso

1 cucchiaino di sale

1 pizzico di pepe bianco

Preparazione:

1) Per preparare l'impasto :

Versare la farina in un recipiente e lentamente aggiungere l'acqua, fino a mescolare molto bene i due ingredienti.

Con le mani asciutte (potrete aiutarvi spolverandole con un po' di farina), cominciate ad impastare energicamente fino a che non avrete fatto una palla, la quale, se ben asciutta e quindi lavorata alla perfezione, dovrebbe facilmente staccarsi dal recipiente senza lasciare residui sulla superficie del contenitore

Posizionate la palla su un tavolo da lavoro e continuate ad impastare fino a che la superficie non diventi ben liscia, potrete aiutarvi con un mattarello. Riformate la palla.

Riposizionate la palla nel recipiente.

Copritelo con un panno umido e lasciate

riposare l'impasto per 2 ore.

Dopo 2 ore, troverete che l'impasto si sarà un po' rilassato.

Ripetete lo stesso lavoro di prima, ovvero rispolverate con un po' di farina affinché l'impasto non si attacchi, posizionate la palla sul tavolo da lavoro e rimpastate per 5 minuti, tanto da renderlo nuovamente elastico, sodo e asciutto, ma non secco.

A questo punto riposizionate nuovamente la palla nella ciotola, copritela e aspettate una mezz'ora.

Mentre attendete che l'impasto riposi una seconda volta, preparate il ripieno.

2) Il ripieno dei ravioli:

Prendete una padella antiaderente, capiente e larga quanto basta, lasciate soffriggere leggermente lo zenzero con la salsa di soia, il vino di riso, il sale il pepe e versate il macinato di carne.

Vedrete, a mano a mano, gli ingredienti che tenderanno ad aderire l'uno all'altro a causa del vino di riso e la salsa di soia, aiutatevi con un mestolo e lavorate un po' questa specie di ragù che dovrà anch'esso risultare alla fine come una pasta. Alla fine, dovrà risultare proprio come un pasticcio, ben compatto.

Versate il tutto in un contenitore e posizionate il ripieno in frigo, lasciandolo riposare e marinare bene.

Tagliate il cavolo finemente, con un coltello sottile e ben affilato, e versateci sopra 2 pizzichi di sale, mescolate bene.

Il cavolo andrà aggiunto alla carne di maiale, in seguito, con i porri tagliati finemente anch'essi con coltello ben affilato, e l'olio di sesamo. Il tutto sarà il vostro ripieno completo per i ravioli.

3) Preparate la pasta dei ravioli

Tirate fuori dal recipiente la pasta, che dovrà essere una palla ben asciutta.

Prelevate dalla palla un pezzettino dell'impasto e rimettete il resto nel recipiente che state utilizzando, ricordandovi di ricoprirlo con il solito panno umido.

Con il pezzo di pasta fate un cilindro.

Con un coltello, tagliate il cilindro in dodici piccoli pezzettini più piccoli, come fossero palline.

Ad una ad una, le palline di impasto le dovrete schiacciare delicatamente, formando dei dischetti rotondi e perfetti il più possibile, che dovranno risultare anche molto fini, 1mm circa, e lunghi meno di un dito, circa 5cm o poco più, quindi potrete aiutarvi con un mattarello di nuovo.

Cercate di preparare tutti i dischetti senza che la pasta si asciughi troppo

<u>4) Riempire i ravioli</u>

Prendete con un cucchiaio una porzioncina del ripieno e posizionatela al centro del dischetto.

Mantenete il dischetto con una mano, e con l'altra mano cominciate a chiuderne i bordi, che, se risultano asciutti, potrete umidificare con un po' di acqua affinché si sigillino bene.

5) Cuocere I ravioli

Come sopra, abbiamo spiegato che i ravioli si possono sia preparare al vapore che alla piastra.

Per la cottura al vapore, munitevi di cestino per il vapore, preferibilmente quello in bamboo che potrete acquistare in qualsiasi negozio di casalinghi, o emporio etnico, oppure su internet.

In una pentola, portate l'acqua ad ebollizione e posizionatevi sopra la cesta nella quale avrete disposto i ravioli, senza che essi si tocchino durante la cottura. Coprite.

I ravioli al vapore hanno una cottura di max 10'.

Per la piastra, qualsiasi piastra in ghisa o simile andrà benissimo.

Anche quelli alla piastra si cuociono velocemente, sempre 10'.

6) <u>Condimento dei ravioli:</u>

a) servire con salsa di soia e ginger tritato.

b) servire con salsa di soia e aceto di riso.

c) servire con salsa piccante, la cui preparazione è assai semplice:

fate cuocere i peperoncini sminuzzati (dopo averli lavati e asciugati bene) in un pentolino, con un cucchiaio di zucchero, aceto di vino, fino a che tutto il liquido non evapori, lasciando che il composto diventi un po' gelatinoso (ogni 250gr di peperoncini, 1 cucchiaio di zucchero e un bicchiere di aceto di vino).

I ravioli possono essere anche tranquillamente congelati dopo la loro preparazione, e quindi consumati in qualsiasi momento. Se cotti al vapore, non hanno bisogno di essere scongelati, ma possono essere posizionati nel cestello direttamente dal freezer ed essere cotti, sempre in 10'.

BAOZI

Il baozi è un tipo di raviolo molto comune e si trova spesso come cibo da strada, o street food che dir si voglia.

Estremamente gustoso e nutriente, baozi significa sostanzialmente pacchetto; sì, perché è come se fosse un sacchettino di pane con del cibo dentro, pronto da portarsi in giro ed essere consumato con un buon bicchiere di tè in ogni momento della giornata.

Ricordano i ravioli cinesi, ma sono più soffici e leggermente più grandi e ricchi di ripieno.

Possono contenere carne di maiale, o funghi e verdure, ma anche gamberetti o impasti di soia con lo zucchero, da mangiare come dessert.

Ingredienti:

<u>1) Per l'impasto</u>

Latte intero 250 ml

Farina 0 1/2Kg

Olio di semi di girasole 2 cucchiai

Bicarbonato 3 cucchiaini

Sale fino 3 cucchiaini

2) Per Il Ripieno

Maiale macinato 400 g

Verza 50 g

Cipollotto fresco 2

Zenzero fresco 30 g

Salsa di soia 2 cucchiai

Aceto di riso 1 cucchiaino

<u>preparare il ripieno:</u>

tagliate il cipollotto, sempre per verticale, ricordate, perché così si mantiene vivo lo yang del vegetale e tritatelo con il coltello finemente, non tralasciate nessuna parte di esso, in Cina si mangia tutto!

Sminuzzate il cavolo verza, mettete la carne macinata in una ciotola e aggiungete lo zenzero fresco grattugiato, il cipollotto e la verza.

Mescolate bene il tutto, anche con le mani.

Aggiungete all'impasto la salsa di soia e l'aceto di riso.

Coprite il tutto con una pellicola e riponete in frigorifero.

preparazione dell'impasto:

versate la farina, il sale, il bicarbonato in un recipiente, e impastate aggiungendo l'olio di semi a filo e il latte a poco a poco.

Come con i ravioli, lavorate l'impasto fino ad ottenere una palla che non si attacchi e non aderisca al recipiente, ma che si stacchi facilmente per poi essere trasferita sul tavolo di lavoro.

Posate il tutto in frigo per mezz'ora.

Prelevate l'impasto dopo aver atteso e dividetelo in otto palle.

Fatene dei dischetti di circa 10cm di diametro, alti mezzo centimetro.

Come con i ravioli, prendete un cucchiaio e cominciate a posizionare il ripieno su ciascun dischetto, che prenderete ad uno ad uno con una mano, mentre con l'altra lo chiudete in cima, come fosse un sacchettino.

Portate ad ebollizione l'acqua in una pentola e posizionate il vostro cestello del vapore.

Adagiate i baozi nel cestello, che non si tocchino fra di loro.

Cuocete per circa 20'-25'.

Anche I baozi, come i ravioli, possono essere preparati e poi congelati. Per consumarli, sarà necessario estrarli dal freezer e procedere con la cottura come sopra.

ZUPPA BIANCA DI CEREALI

Si tratta di una ricetta semplicissima e molto povera, ma essenziale, nutriente, che rispetta l'organismo e tonifica il Qi, purificando il calore.

Ricorda il porridge, e per prepararla può essere utilizzata la vaporiera per il riso o la pentola a pressione.

Risulta dolce, piacevole, adatta anche a riequilibrare lo stomaco, consente alla milza di ritrovare la sua armonia. Quindi indicate in caso di disturbi intestinali, soprattutto causati da vuoto di milza, previene le patologie cardiache e tratta l'inappetenza. Ottima come ricostituente.

Ingredienti:

Riso 250gr

frumento o mais 150gr

fiocchi di grano 100gr

Preparazione:

Riempite una pentola di acqua e portate ad ebollizione. Versate il riso insieme al frumento e ai fiocchi, lasciate cuocere a lungo fino a che non diventino una pappa. Ideale da servire anche come accompagnamento, con carni e verdure, da sola è indicata in caso di ricovero come ricostituente.

WONTON ZUPPA

La zuppa di wonton, è una zuppa molto conosciuta, alla quale vengono aggiunti I ravioli ripieni che avete imparato a preparare nella prima ricetta, ma con delle piccolo varianti.

Vengono infatti utilizzati ingredienti come il mirin, che è un tipo di sake, ovvero il vino di riso, che aiuta la digestione e calma lo shen.

È una zuppa leggera, digeribilissima, molto frequente sulla tavola dei cinesi e che può essere consumata a qualsiasi ora del giorno.

Ricordate che ogni zuppa brodosa, è sempre un toccasana per la salute. Il brodo, ricco di elementi essenziali, tonifica il qi, disperde il calore in eccesso, umidifica, tonifica la milza e I reni. Meglio se non si eccede con il pepperoncino, resta un piatto adatto a qualsiasi età e in moltissime circostanze.

Ingredienti:

Ingredienti per l'impasto:

Acqua q.b.

Farina 100 g

Sale un cucchiaino

Per Il Ripieno:

Verza 150 g

Zenzero un pezzetto

Salsa di soia 1 cucchiaio

Olio extravergine d'oliva q.b.

Per Il Brodo:

Brodo vegetale 1 lt

Zenzero 1 pezzetto

Zucchero 1 cucchiaio

Salsa di soia 2 cucchiai

Olio di semi 1 cucchiaio

Mirin 1 cucchiaio

Alga Wakame a striscioline 2 cucchiai

Preparare la zuppa di wonton:

Impastate la farina con il sale e l'acqua, lavorate bene.

Gli ingredienti dovranno essere ben amalgamati e l'impasto risultare elastico e non appiccicoso.

Coprite l'impasto con un panno umido e lasciatelo riposare in frigo almeno per una mezz'ora.

Preparate il ripieno:

Tagliate il cavolo in modo sottile, con un coltello ben affilato.

Tagliate lo zenzero a fettine sottilissime, fatelo soffriggere in una padella con l'olio. Aggiungete il cavolo e fate saltare il tutto per qualche minuto. Aggiungete l'acqua, circa tre bicchieri e coprite.

Cuocete per 15' fino a quando il cavolo sarà morbido e l'acqua evaporata. Lasciate intiepidire.

Prendete l'impasto e dividetelo in 12 palline. Tirate ogni pallina, aiutandovi con il matterello fino a quando l'impasto non sarà molto fine. Come con i ravioli, fate dei dischetti e cominciate, aiutandovi con un cucchiaio, a posizionare il ripieno in ciascuno di essi. Chiudete i dischetti ad uno ad uno, e poi fate anche una seconda piega.

Per preparare il brodo, fate riscaldare in una pentola un filo d'olio.

Aggiungete all'olio lo zenzero e lasciatelo soffriggere per un minutino.

Aggiungete lo zucchero, il mirin e la soia, e poi lasciate cuocere il tutto per un altro minutino a fuoco lento.

Quando il tutto sarà dorato, aggiungete il brodo.

A parte, portate ad ebollizione dell'acqua in una pentola e poi versateci gli wonton.

Quando saranno cotti, scolateli e portateli nel brodo.

Alla fine, aggiungerete l'alga wakame e continuerete la cottura per un altro minutino. Servite caldo.

ZUPPA BIANCA DI RISO CON VERDURA

È un'altra zuppa che appartiene alla tradizione casalinga, e quindi della cucina povera.

Armonizza il qi, tonifica il sangue e cura la stipsi. Calma il mal di pancia.

Ingredienti:

Spinaci 250gr

Carote 150gr

Cavolo bianco 300gr

Riso quattro pugni

Preparazione:

Tagliate le verdure in modo fine e sottile, gli spinaci per lungo, le carote per lungo, così come il cavolo, a striscioline.

Prendete una pentola e versate sopra le

verdure dell'acqua fino a coprirle.

A fuoco lento, portate il tutto ad ebollizione.

A parte, fate bollire dell'acqua e cuocete il riso.

Quando le verdure saranno pronte non scolatele, ma aggiungete il riso cotto.

BRODO CON LITCHI

Una ricetta molto elegante, che può fare da accompagnamento in cene più speciali ed importanti.

La coltivazione del litchi, tipica della Cina meridionale, è databile già dal 1000 d.C. , ma molti pensano che sia molto più antica, facendola risalire a più di duemila anni fa.

Si tratta di alberi selvatici, il cui frutto è delicatissimo e molto succoso; utilizzato spesso a corte, è considerato un frutto imperiale. Si dice che dal sud della Cina si facessero arrivare cavalli che trasportavano litchi dal Guangdong, espressamente per l'Imperatore.

Gli annali riportano che molti furono gli Imperatori ad amare questo frutto e ad offrirlo spesso alle loro concubine.

Sono come delle piccolo prugne, morbide e

umide all'interno, raccolte in un buccia ruvida. Hanno un profumo di fiori e sono molto dissetanti.

Questa ricetta resta comunque di preparazione semplice ed è un'ottima medicina. Tonifica il fegato e il rene, rinforza la vista. Aiuta in caso di lombalgia e dolore alle ginocchia.

Si accompagna bene alle carni, soprattutto all'anatra.

Ingredienti:

litchi freschi e sbucciati 60 gr

riso 120gr

acqua 500ml

Preparazione:

Riempite una pentola di acqua, diciamo 500ml ogni 60 gr di litchi che utilizzerete. Portate ad ebollizione e lasciate cuocere la frutta per 20'.

Lasciate riposare per una mezz'ora.

A parte cuocete il riso (se avete una vaporiera, potrete utilizzare quella), e aggiungetelo nelle ciotole con cui servirete il brodo.

SPAGHETTI DI RISO CON CARNE E VERDURE

Un piatto ricco e saporito, veloce, nutriente e ricco di energia.

Di facile preparazione, è ottimo da gustare a pranzo.

Ingredienti:

Spaghetti di riso 200 g

Fettine di manzo 300 g

Funghi (cinesi o champignon) 150 g

Zucchine 350 g

Carote 300 g

Germogli di soia 100 g

Salsa di soia 2 cucchiai

Zenzero un pezzetto

Peperoncino 1

Cipollotto fresco 1

Olio di semi di girasole 4 cucchiai

Brodo vegetale 500 ml

Uno wok per la preparazione delle verdure

<u>Come preparare gli spaghetti di riso con carne e verdure:</u>

Tagliate tutte le verdure con un coltello ben affilato in striscioline sottili sottili.

Anche lo zenzero, dovrà essere finemente tritato con il coltello, così come il cipollotto, tagliatelo finemente dopo averlo accuratamente lavato.

Tagliate le zucchini, le carote, i funghi, tutti longitudinalmente.

Versate l'olio di semi nello wok e fatelo scaldare, senza che bruci.

Aggiungete il peperoncino, lo zenzero e il cipollotto, e fate soffriggere a fuoco lento.

Aggiungete le zucchine, le carote, e cominciate a saltare le verdure. Unite i funghi alla fine.

Cominciate ad aggiungere, aiutandovi con un mestolo, un poco di brodo, a mano a mano che questo evapora a fiamma ben animata, continuate ad aggiungere cucchiai di brodo.

Le verdure dovranno assorbirlo tutto, dovranno risultare ben cotte, non inzuppate, ma nemmeno inaridite.

Aggiungete la salsa di soia alla fine o il sale se preferite.

Quando le verdure saranno ben croccanti, sarà il momento di unirvi la carne che avrete tagliato finemente sempre in modo longitudinale, come fossero straccetti.

Quando la carne sarà cotta, togliete lo wok dal fuoco.

A parte, in una pentola piena di acqua che porterete ad ebollizione, cuocete gli spaghetti. (sono di rapida cottura gli spaghetti cinesi, controllate sulla confezione).

Scolateli e raffreddateli subito sotto l'acqua fredda.

Riposizionate lo wok sul fuoco, accendete la fiamma e tenetela alta, gettatevi gli spaghetti velocemente e saltate con energia per meno di un minuto.

Servite caldi.

ZUPPA DI LAMIAN CON BOK CHOY

La zuppa di lamian con bok choy è un piatto estremamente gustoso e molto salutare.

Il bok choy è fresco, tonifica e rinfresca la milza, purifica il fuoco di fegato. Il lamian è una specie di spaghetti tirati a mano, molto delicati e gustosi, generalmente di grano o riso.

Ingredienti:

Bok choy 350gr

Aglio 1 spicchio

Lamian 200 gr

Brodo q.b. (1lt)

Preparazione:

Si comincia tagliando longitudinalmente il bok choy, verdura cinese molto fresca, simile alla bietola ma molto più ricca d'acqua.

Il bok choy può essere cotto al vapore o stufato nello wok con un poco di olio e uno spicchio di aglio.

Si cuoce velocemente e non va né lessato né seccato. È buono così come è, croccante e leggermente caldo.

Quindi , come detto, potete prima passarlo ad una prima cottura al vapore, poi, con un poco di olio o con dell'acqua, fatto saltare e cuocere nello wok con lo spicchio di aglio, per insaporirlo.

A questo punto aggiungete il brodo e gli spaghetti e, a fiamma alta, saltate il tutto, lasciando evaporare un po' il brodo fino alla cottura del lamian, per i quali servono pochi minuti. (controllate la confezione).

UDON CON VERDURE

L'udon è uno spaghetto più spesso, erto, asciutto e consistente rispetto al lamian.

Qui lo prepariamo con pollo e verdure.

Ingredienti:

Udon 300gr

Pollo 150 gr

Carote 100 gr

Cavolo 100gr

Cipollotti 2

Zenzero un pezzetto

Sale

Salsa soia

Olio q.b.

Brodo q.b.

Preparazione:

Tagliate finemente tutte le verdure e poi tagliate a cubetti il pollo.

Prendete lo wok e fate scaldare l'olio con i cipollotti precedentemente tritati e lo zenzero.

Quando raggiungeranno la doratura, unitevi gli udon.

Passate leggermente al vapore il pollo e le verdure.

Continuate a saltare gli udon e aggiungete un mestolo di brodo, unite il pollo e le verdure che avrete passato al vapore.

Continuate a saltare il tutto, e aggiungete brodo per ultimare la cottura.

Potrete servirli come zuppa, oppure, se utilizzate il brodo solo per tirarli, come piatto più asciutto.

POLLO KUNG PAO

Il pollo Kung Pao è una ricetta classica della cucina cinese. Si prepara con le arachidi, le verdure, ed è estremamente gustosa; è un piatto caldo, muove il qi ed non è indicato se si soffre di eccesso di calore. Resta comunque molto nutriente, emolliente, umidifica il polmone e l'intestino.

Ingredienti:

Pollo petto300 gr

Peperoni 200 gr

Aceto di Riso 4 cucchiai

Arachidi 40 g

Olio di Arachidi 6 cucchiai

Maizena 2 cucchiaini

Vino di riso 100 ml

Zenzero un pezzetto

Aglio 5 spicchi

Scalogno 2

Peperoncini 3

Bambù germogli 100 gr

Salsa di Soia 4 cucchiai

Zucchero 2 cucchiaini

Pepe di Sichuan 1 cucchiaio

Cipollotti 1

Preparazione:

Tagliate il pollo a cubetti, unite il sale, metà della maizena sciolta in un poco di acqua e nel vino di riso.

Sbucciate l'aglio, lo scalogno e lo zenzero, poi tagliate tutto finemente, con un buon coltello (o la mannaia cinese se l'avete procurata).

Tagliate il peperoncino grossolanamente.

Lavate e mondate i peperoni, procedete longitudinalmente al taglio, in fettine molto sottili.

Tagliate bene i germogli di bamboo in piccolissimi dadini.

Preparate una salsa mescolando la soia con il sale, lo zucchero, l'aceto e 1 cucchiaino di maizena sciolto in pochissima acqua.

Prendete lo wok, mettetelo sul fuoco con un poco di olio. Unite le arachide e fatele dorare con un fuoco vivace.

Levate dall'olio le arachide con una schiumarola e conservatele da una parte.

Versate adesso il peperoncino e i grani di pepe di Sichuan nell'olio, fateli friggere per qualche secondo appena appena, e poi levate anche questi con la schiumarola e metteteli da parte.

Prendete la carne di pollo e fatela friggere a

fiamma moderata.

Unite l'aglio, lo zenzero, lo scalogno, i germogli di bambù e i peperoni.

Fate cuocere a fiamma viva per circa 4 minuti, facendo unire e conoscere tra loro tutti gli ingredienti.

Unite al composto la salsa che avevate preparato e continuate a cuocere per qualche minuto, fino a che sarà tutto molto denso.

Spolverate il piatto con le arachidi e con il cipollotto tagliato a piccoli anelli e servite subito caldo.

MANZO CINESE IN ZUPPA E MANGIATUTTO

Qui un'altra zuppa degna di nota. I fagioli mangiatutto sono ricchi di jing, sono rinfrescanti, tonificano la milza, aiutano a purificare il calore di fegato. In zuppa con il manzo, risultano ottimi per muovere il qi e tonificare la milza.

Ingredienti:

lombata di manzo disossata 600 g

salsa di soia 4 cucchiai

amido di mais o fecola 3 cucchiai

zucchero 1 cucchiaio

zenzero fresco un pezzetto

cipolle 3

peperoni verdi 4

aglio   3 spicchi

taccole o piselli mangiatutto 300gr

4 cucchiai   olio di semi, o d'oliva

sale q.b.

Preparazione:

Tagliate la carne a fettine ed unire la salsa di soia, la fecola di mais, lo zucchero e lo zenzero tagliato sottile sottile.

Lasciar marinare il tutto in frigo per almeno un'ora.

Tritate grossolanamente la cipolla, il peperone sempre longitudinalmente, affettate o battete l'aglio con la mannaia, in modo da triturarlo bene. Tagliate le taccole trasversalmente.

Scaldate l'olio nello wok a fiamma moderata.

Fate rosolare l'aglio, la cipolla e il peperone, fino alla loro indoratura.

Aggiungete ancora un po' di olio e scaldate a

fiamma viva.

Unire il sale e poi le taccole.

Continuate a mescolare di continuo per alcuni minuti fino alla leggera cottura.

Posizionare le taccole su un piatto, insieme alle altre verdure appena cotte.

Sempre nello wok, aggiungete il resto d'olio e la carne marinata che tirerete fuori dal frigo.

Non buttate via la salsa della marinatura. Vi servirà in seguito.

Continuate a cuocere a fiamma moderata per qualche minuto, e quando la carne sarà quasi cotta, aggiungete le verdure e il resto dello zenzero tritato.

Saltate un altro minuto e impiattate.

MANZO CON BAMBÙ E FUNGHI

Un ricetta tipica. In cinese manzo bamboo e funghi si dice "due cose per l'inverno".

Il bamboo cresce infatti anche d'inverno, è una pianta estremamente forte, tonifica il qi, rinfresca, ma anche purifica il calore, tonifica yin e sangue. I funghi sono salutari per il qi di fegato e il manzo aiuta la milza.

Ingredienti:

Manzo (girello) 400 gr

Bambù fresco 150 gr

Funghi cinesi 150

Soia due cucchiai

Vino cinese mezzo bicchiere

Bicarbonato 1 cucchiaio

Fecola di patate 1 cucchiaio

Olio di semi abbondante

Sale q.b.

Acqua

Preparazione:

Cominciate con il marinare la carne, precedentemente tagliata a pezzetti piccoli, mettendola in un recipiente con soia, sale, bicarbonato, e con le mani massaggiate il composto, eventualmente aggiungendo un po' di acqua se dovesse risultare troppo asciutto.

Aggiungete al composto la fecola, che è utile ad ammorbidire la carne e un pochino di olio.

Lasciate marinare.

Tagliate adesso I funghi, longitudinalmente a fettine sottili.

Tagliate longitudinalmente il bamboo, sottile.

Scaldate l'olio nello wok, unite all'olio la carne e il bamboo. Lasciate friggere il tutto a fiamma moderata per qualche minuto.

Schiumate il tutto, aiutandovi con la schiumarola e spostate il tutto in un recipiente.

Riprendete lo wok, che avrete svuotato dell'olio, mettete la soia, l'acqua e un po' di vino cinese. Lasciate scaldare e unite I funghi.

Quando il tutto ha raggiunto l'ebollizione, unite la carne e il bamboo che avevate precedentemente cotto nell'olio. Alla fine, aggiungete un pochino di fecola. Mescolate bene a fiamma moderata. Lasciate cuocere ancora per qualche minuto. Impiattate.

UOVA SALTATE

Ottimo per colazione, questo piatto, di una semplicità disarmante, unisce alcuni ingredienti come l'aceto di riso e lo zucchero, che rende davvero cinese quelle che potrebbero sembrare delle semplici uova strapazzate.

L'uovo è molto yang e l'aceto con l'aggiunta di zucchero spezzano questo eccesso, rendendo l'alimento più armonioso ed equilibrato.

Ingredienti:

Pomodori 2

Aceto di vino di riso 2 cucchiai

Acqua 1 bicchiere

Sale due pizzichi

Fecola di patate un cucchiaio

Erba cipollina 40gr

Uova 2

Preparazione:

Tagliate il pomodoro a cubetti.

Sbattete l'uovo, fino a montarlo. Aggiungete un cucchiaino di aceto di vino di riso, che aiuta l'uovo a profumarlo e renderlo più dolce e fresco. Unite il sale.

Accendete il fuoco e in una padella con poco olio, lasciate che il fuoco proceda lento.

Mettete l'uovo sbattuto nella padella e procedete come fossero uova strapazzate, disunite l'impasto. Alzate un po' il fuoco e aggiungete il pomodoro.

Dopo aver saltato con il pomodoro, aggiungete un bicchiere di acqua. Lasciate evaporare e aggiungete lo zucchero, per tirare fuori il sapore del pomodoro.

Unite la fecola di patate, che aiuta ad amalgamare il tutto.

Spolverate con l'erba cipollina.

GAMBERI ALLA PIASTRA CON CIPOLLOTTI

I piatti alla piastra servono a mantenere caldo il cibo che viene servito a tavola. In realtà, il cibo viene prima fritto e poi passato velocemente in un abile passaggio, con del vapore. Il gambero è tiepido, dolce/salato, agisce sul polmone, lo stomaco, la milza, il rene, il cuore, il fegato. Tonifica il rene.

Così cotto, aumenta il suo potenziale yang, ma il cipollotto anche lo rinfresca. Certamente più caldo, a causa del passaggio fritto e poi la disposizione sulla piastra, muove il qi, stimola il metabolismo. I crostacei, in generale, sarebbero da evitare in caso di patologie da fegato o eccesso di calore.

Resta comunque un piatto estremamente gustoso per tutti.

Ingredienti:

Cipollotti

Gamberi 1kg

Fecola

Acqua

Olio

Vino cinese

Sale

Pepe Bianco

Olio

Preparazione:

Pulite e sgusciate i gamberi e tagliate i cipollotti della grandezza del gambero, tutto deve essere proporzionato.

Prendete la mannaia e tagliate i gamberi a

metà, finendoli di pulire dal resto delle interiora.

Sciacquateli.

Mettete i gamberi in un recipiente, con sale, pepe bianco e fecola di patate. Aggiungete acqua se troppo asciutto. Il composto deve risultare corposo e restare leggermente umido.

Lasciate marinare.

Prendete la piastra, facendo attenzione e posizionatela sul fornello.

Prendete lo wok dove andrete a scaldare l'olio.

Unite all'olio i gamberi. Friggete a fuoco moderato.

Quando saranno dorati, unite I cipollotti.

Continuate a cuocere per un paio di minuti e poi scolate via il tutto.

Riprendete lo wok, mettete un po' di acqua e sale, e unite di nuovo i gamberi con i cipollotti precedentemente fritti. Quando tutto sta bollendo a fiamma alta, unite vino cinese e un po' di fecola. Lasciate sfumare.

Prendete la piastra calda, sfumate con l'acqua che evaporerà immediatamente e impiattate.

Servite a tavola e attenti a non bruciarvi! La piastra scotta!

MAIALE IN AGRODOLCE

Il maiale in agrodolce è una ricetta tradizionale cinese a base di carne di maiale pastellata e con peperoni, ananas e salsa agrodolce.

La ricetta ha origini nella regione meridionale, del Guangdong.

Secondo la ricetta originale del maiale in agrodolce, lo scopo era quello di bilanciare bene i sapori, in modo da ottenere un equilibrio tra l'agro e il dolce.

Il maiale marinato, che di natura ha sapore salato e neutro, ben si bilancia dunque con il dolce dello zucchero e l'aspro dell'aceto.

La pietanza, che contiene I cinque sapori e I cinque colori uniti nel piatto, è considerato per i cinesi un piatto completo e nobile.

Abbiamo, a questo proposito, tenuto in questo ricettario proprio il maiale in agrodolce in fondo, come ultima proposta.

Il dulcis in fundo che suggella questo simpatico percorso tra oriente, dieta e benessere.

Il maiale oltretutto è la carne familiare per eccellenza. Non un caso che in cinese "casa" si scriva con gli ideogrammi di "tetto" sopra il "maiale".

Animale domestico dal quale tutto si ottiene e di cui nulla si butta via, la sua carne è quasi sempre presente nella cucina cinese e ha grandi proprietà benefiche.

Tonifica il rene, muove il qi, riscalda, nutre; ottima per l'inverno, tonifica lo yang.

La salsa agrodolce in cinese, invece, viene proprio chiamata "salsa del popolo" ed estremamente comune, è la salsa che sulla tavola non manca mai, tanto che ne esistono ormai versioni confezionate molto commercializzate, ed è presente nelle case come da noi lo è il caffè per il mattino.

Si dice che durante la rivoluzione culturale di Mao, il partito comunista cinese distribuisse salsa agrodolce per propagandare il simbolo nazionalista cinese, rosso, proprio come la salsa e simbolo degli ingredienti dei campi lavorati dai contadini più poveri.

Ingredienti:

spezzatino di maiale 450 gr

peperoni 2

cipolla 1

ananas 2 fette

olio di semi d'arachide q.b.

per la pastella:

acqua 120 ml

farina tipo 00 4 cucchiai

maizena (amido di mais) 2 cucchiai

bicarbonato di sodio 1 cucchiaino

uova 1

olio di semi d'arachide 1 cucchiaio

sale marino q.b.

per la marinatura:

vino di riso 1 cucchiaio

salsa di soia 1 cucchiaio

maizena (amido di mais) 1 cucchiaio

per la salsa agrodolce

vino di riso 1 cucchiaio

ketchup 1 cucchiaio

zucchero 1 cucchiaio

maizena (amido di mais) 1 cucchiaio

succo di ananas 1 cucchiaio

acqua 2 cucchiai

salsa d'ostriche 1 cucchiaio (facoltativo)

Preparazione:

Tagliate a cubetti la carne di maiale, mettendola poi a marinare con un cucchiaio di salsa di soia, vino di riso e amido di mais. Tagliate i peperoni prima longitudinalmente.

Iniziate a preparare la pastella unendo farina, amido e bicarbonato, incorporando poi man mano l'acqua ed aggiungendo infine l'uovo.

Mescolate la pastella con un frustino, fino ad ottenere un composto completamente liscio. Preparate la salsa agrodolce unendo tutti gli ingredienti in una ciotola e mescolando fino ad amalgamarli.

Trasferite la carne marinata all'interno della pastella.

Versate l'olio di semi in uno wok, aggiungete la carne pastellata e lasciate cuocere a fuoco alto per circa tre minuti.

Mettete ad asciugare il maiale cotto su carta assorbente e cuocete i peperoni a parte per qualche minuto.

Unite la carne di maiale e la salsa agrodolce e lasciate cuocere per un minuto fino a caramellare il tutto.

Servite il maiale in agrodolce con riso bianco.

www.ingramcontent.com/pod-product-compliance
Lightning Source LLC
Chambersburg PA
CBHW070042120526
44589CB00035B/2265